Platon im Bohnenfeld

Heiko Reisch
Platon im Bohnenfeld

Heiko Reisch
Frankfurt, Deutschland

ISBN 978-3-658-47668-7 ISBN 978-3-658-47669-4 (eBook)
https://doi.org/10.1007/978-3-658-47669-4

Die Deutsche Nationalbibliothek verzeichnet diese Publikation in der Deutschen Nationalbibliografie; detaillierte bibliografische Daten sind im Internet über https://portal.dnb.de abrufbar.

© Der/die Herausgeber bzw. der/die Autor(en), exklusiv lizenziert an Springer Fachmedien Wiesbaden GmbH, ein Teil von Springer Nature 2025

Das Werk einschließlich aller seiner Teile ist urheberrechtlich geschützt. Jede Verwertung, die nicht ausdrücklich vom Urheberrechtsgesetz zugelassen ist, bedarf der vorherigen Zustimmung des Verlags. Das gilt insbesondere für Vervielfältigungen, Bearbeitungen, Übersetzungen, Mikroverfilmungen und die Einspeicherung und Verarbeitung in elektronischen Systemen.
Die Wiedergabe von allgemein beschreibenden Bezeichnungen, Marken, Unternehmensnamen etc. in diesem Werk bedeutet nicht, dass diese frei durch jede Person benutzt werden dürfen. Die Berechtigung zur Benutzung unterliegt, auch ohne gesonderten Hinweis hierzu, den Regeln des Markenrechts. Die Rechte des/der jeweiligen Zeicheninhaber*in sind zu beachten.
Der Verlag, die Autor*innen und die Herausgeber*innen gehen davon aus, dass die Angaben und Informationen in diesem Werk zum Zeitpunkt der Veröffentlichung vollständig und korrekt sind. Weder der Verlag noch die Autor*innen oder die Herausgeber*innen übernehmen, ausdrücklich oder implizit, Gewähr für den Inhalt des Werkes, etwaige Fehler oder Äußerungen. Der Verlag bleibt im Hinblick auf geografische Zuordnungen und Gebietsbezeichnungen in veröffentlichten Karten und Institutionsadressen neutral.

Springer ist ein Imprint der eingetragenen Gesellschaft Springer Fachmedien Wiesbaden GmbH und ist ein Teil von Springer Nature.
Die Anschrift der Gesellschaft ist: Abraham-Lincoln-Str. 46, 65189 Wiesbaden, Germany

Wenn Sie dieses Produkt entsorgen, geben Sie das Papier bitte zum Recycling.

Ich danke Axel Baumhöfner für die Titelidee

Inhaltsverzeichnis

Verkennung	1
Spiegelungen	9
Urteil	19
Harmonien	31
Scheitern	43
Jenseits	57
Gegensätze	67
Hassliebe	77
Grenzen	85
Doppelgänger	101

Verkennung

Irgendetwas sperrte sich in ihm. Er wollte auf keinen Fall einen Fehler machen. Fehler waren ihm zuwider. Und doch war er gerade dabei, einen zu begehen. In diesem Fall gab es keine gute Lösung, auch keinen Mittelweg, das war ihm klar. Meistens konnte er die Dinge hin und her wenden, sie von allen Seiten anschauen, umdrehen, bewerten, abwägen und schließlich in einen guten Dialog verpacken. Sodass er nicht einmal ganz genau festlegen musste, welche eigene Meinung er in den verdichteten Figuren unterbrachte. Er konnte es offenlassen, zumindest in den weniger gewichtigen Fragen. Und in den bedeutsameren vermochte er sich hinter seinem unentbehrlich gewordenen Protagonisten, dem fragenden Steinmetz, zu verstecken. Darin war er gut, sehr gut sogar. Niemals ist er mit seinem Namen selbst in einem Dialog aufgetreten. Hatte durchgehalten. Doch hier ging das ganz offensichtlich nicht. Es handelte sich schließlich um sein Erbe.

Eine Entscheidung musste her. Sprach nicht alles dafür, Aristoteles zum Nachfolger seiner Akademie zu machen? Sein bester Schüler, der überaus scharfsinnige Makedone aus dem Norden Griechenlands. Obwohl, ein Schüler war er längst nicht mehr. Zu gewieft. Zu sachlich. Zu bewandert. Der ihn offen kritisierte, aber das machten andere auch, er wollte es ja so. Denken ist Wettbewerb, aber es muss vor allem richtig gedacht werden. Darauf kam es ihm letztendlich an. Gedanklicher Schlagabtausch, um Wahres zu erkennen, ein untrennbares Zwillingspaar und Grundlage seiner Akademie. Sicherlich, Aristoteles war besser darin als die meisten anderen an diesem Ort. Das hatte er ihm oft gesagt, und es gefiel beiden. Wie viel Wirklichkeit darin steckte, ließ er jedoch offen. Etwas zumindest. Sie hatten zusammen darüber gelacht.

Aber jetzt ging es um Anderes. Da war noch etwas. Aristoteles konnte ihn ohne groß zu zielen treffen, tief drinnen, dort, wo die anderen nicht hinkamen. Er suchte einfach die Herzkammer seiner Lehren auf, zerlegte sie und setzte sie dann wieder zusammen. Nur eben anders. Das Herz schlug wieder, aber in einem ganz anderen Rhythmus als zuvor. Womöglich sogar besser, manches davon könnte er aufgreifen und berücksichtigen. Hatte es gelegentlich so gemacht. Nein, es war kein Machtspiel. Er schätzte die Auseinandersetzung, seine Akademie sollte ein lebendiger Ort sein, der viele anzieht. Einerseits. Aristoteles trug seinen Teil dazu bei.

Doch es verwirrte ihn zusehends, je älter er wurde. Andererseits. Und hinterließ einen seltsamen Schmerz. Erst einen kleinen Stich, anfangs kaum merkbar, der ganz allmählich gewachsen war. Aristoteles wollte Probleme grundsätzlich andersartig lösen als er selbst. Nur durch Schauen, Vergleichen, erneut Schauen, Einteilen. Und dabei logisch vorgehen. Brachte dadurch manche Schwierigkeiten zum Verschwinden, die für ihn selbst noch immer da waren. Vielleicht war es das, der strengen Logik hat er selbst immer misstraut. Man sollte ihr nicht zu viel Macht einräumen. Sammeln und Sortieren, das konnte Aristoteles ungewöhnlich gut. Und war beharrlich darin. Sicherlich, es half einen Überblick zu gewinnen und Falsches auszusondern. Alles schien dadurch klarer. Aber es war auch so kalt wie das Messer eines Arztes, das in das Fleisch schneidet. Dort, wo eine Wunde sitzt, manchmal von außen nicht sichtbar. Und dem Sohn eines Arztes durfte er die Akademie nicht anvertrauen.

Vermutlich wäre es gut, den Besten zum Nachfolger zu bestimmen. Dann müsste die Wahl wohl auf Aristoteles fallen. Aber was würde der aus ihr machen? Ein Arzt heilt Krankheiten. Aber seine Lehren enthielten nichts von Krankheit. Sie brachten vielmehr die Dinge in eine schöne Ordnung. Ein Arzt war also gar nicht nötig, und mochte er noch so klug und erfahren sein. Er hatte mit ihm darüber gesprochen und seine Gründe dargelegt. Ohne Hast, die der Wirkung ausweichen will. Einen guten gefunden, der nachvollziehbar sein musste. Gewissenhaftigkeit ausstrahlen. Dass es für jemanden, der nicht aus Athen stammt, unmöglich wäre, ein Grundstück zu erhalten. Nicht Haus und Garten. Auch nicht eine berühmte Lehrstätte. Dass der künftige Leiter der öffentlichen Akademie auf jeden Fall Besitzer des Privathauses sein müsste. Haus und Akademie gehören zusammen. Athen war immer etwas stolzer auf seine Einwohner und misstraute denen, die aus anderen Städten kamen.

Aristoteles hatte ihn nur angesehen, eine anbrandende Welle von Ruhe. Sie türmte sich auf, aber an ihm würde sie zerschellen und zurück branden. Darauf hatte er sich eingestellt. Auf Wucht war er vorbereitet, mit Schweigen hatte er jedoch nicht gerechnet. Aristoteles war der Spannung nicht ausgewichen, aber den Wettkampf um gute und schlechte Gründe hatte er anders als sonst nicht aufgenommen. Noch nicht einmal ansatzweise. Er hätte seine Logik ausspielen können und blieb dennoch in diesem Moment stumm, tosend stumm. So kam es ihm vor. Er konnte die sich aufbauende Welle in seinem Inneren spüren, hörte sie aber nicht. Beide wussten, dass die unlösbare Grundstücksübergabe nur vorgeschoben war. Es wäre schwierig gewesen, sicherlich, aber nicht unmöglich. Dafür gab es Beispiele. Man könnte sie bestimmt finden. Nein, Aristoteles gönnte ihm seine Einwände nicht. Hatte in der Gewissenhaftigkeit Abschirmung erfasst. Er wirkte noch nicht einmal enttäuscht. Vielleicht war er in Gedanken sogar schon weg.

Doch dann versetzte er ihm doch noch einen Stich. Mit nur einem einzigen Satz. Aristoteles sagte zu ihm, dass er eben ein Dichter wäre. Somit einer, der schöne Worte findet, die etwas herbeireden, was gar nicht ist. Er selbst mochte die Dichter nicht besonders, auch wenn er Anleihen bei ihnen machte. Und sein Schüler, der anderer Meinung war, wusste das nur zu genau. Aristoteles verzog noch nicht einmal die Mundwinkel, während er ihm diesen einen Satz auftischte. Der Ton war sachlich, und trotzdem hallten die Worte nach wie ein geschmackloses Kraut auf der Zunge, das erst allmählich einen bittersüßen Geschmack entfaltet. Er bemerkte, wie Unruhe in ihm aufstieg. Mutmaßlich kam ihm der Schweigemoment nur deshalb so lange vor, weil er mit etwas anderem gerechnet hatte. Und währenddessen hatte Aristoteles ein Pharmakon ausgewählt und abgewogen, in einer bestimmten Dosis ein Heilmittel, in einer anderen ein Gift. Arztsohn. Er war sich unschlüssig, welche Wirkung beabsichtigt war. Und gleichzeitig überrascht, wie wenig Worte die Arznei enthielt. Eine Auseinandersetzung zu beginnen wirkte plötzlich unpassend. Die Buchstaben begannen sich in seinem Kopf auszubreiten, er konnte ihre Wirkung beobachten. Sollten sie ausdrücken, dass seine Begründung zu offensichtlich an den Haaren herbeigezogen wäre, und Aristoteles enttäuscht sein musste, dass er ihn nicht ernster nähme? Unterschätzte? Ein Vorwurf also? Oder dass seine Achtung trotz alledem bestehen bliebe? Denn Aristoteles mochte bekanntlich die Dichter. Womöglich eine versteckte Zustimmung, wenn auch indirekt ausgesprochen? Fragen wollte er ihn aber nicht. Lieber offenlassen. Ändern würde es nichts mehr, ob so, oder so.

Er hörte diesen Satz nicht zum ersten Mal. Mit ihm hatte Aristoteles gelegentlich seine Vorstellung ewiger Ideen in das Phantasiereich der Mythen verbannt. Darüber hatten sie gestritten, ohne dass es jemals zum Bruch gekommen wäre. Eigentlich mochte er Mythen, seine Lehrstätte trug schließlich den Namen eines mythischen Helden, Akademos, der die Stadt in der Vorzeit vor Zerstörung gerettet hatte. Und er mochte die Musen, Schutzgöttinnen der Künste. Weshalb sonst hätte er ihre Statuen im Innenhof des Hauptgebäudes aufstellen lassen? Er hatte einen Hain gekauft, im Norden von Athen. Und dort seine Schule gegründet. Außerhalb der Mauern.

Wo er das Gespräch führen wollte, hatte er mit Bedacht ausgewählt. An welchem Tag. Zu welcher Tageszeit. Orte und Zeiten haben Gewicht, wer wüsste das nicht in einer Stadt, die sich ihrer Architektur und Feste rühmte? Hatte sich für die Herbststimmung entschieden und den Abend, wenn es etwas kühler wird. Keinen Tag, an dem Athen eines seiner häufigen Feste feiert. Schlechte Gedankenverbindung. Nicht in der Akademie mit ihren Gebäuden, dem Wandelgang, dem Gymnasion, dem Museion, der halboffenen Halle. Abstand dazu. Nicht auf dem Spazierweg zwischen der Akademie und seinem eigenen Haus. Den mochten sie alle, wer weiß, auf wen man zufällig treffen würde. Nicht irgendwo in der Stadt. Zu beliebig. Nicht in seinem Haus. Zu nah. Nein, es sollte in seinem Garten sein. Am frühen Abend, wenn Bäume einen Rest von Schatten spenden und die Sonne noch nicht untergegangen ist. So sitzen, dass man die Akademie sehen konnte. Es war sein bevorzugter Ort, der, an dem er sich oft mit seinen engsten Schülern austauschte. Danach könnte er ins Haus gehen, Aristoteles den Spazierweg nehmen und die Nachricht verdauen. Lehrer und Schüler, das wollte er heraufbeschwören.

Wahrscheinlich trafen die Worte, weil er sich längst entschieden hatte, und unbestreitbar war, dass Aristoteles ihn vollends durchschaute. Seine Diagnose traf zu. Die Leitung der Akademie sollte der Sohn seiner Schwester übernehmen, Speusippos. Wenn er selbst nicht mehr wäre, das war seine Regelung. So, wie es in Familien üblich ist, einer aus ihr. Nicht wie in der Athener Politik, wo es ständigen Wechsel und Unruhe gibt. Sortieren nach Ähnlichkeiten und unermüdlich Ausarbeiten konnte Speusippos zur Genüge, das hatte er gezeigt, womöglich sogar ein System schaffen. Er schien ihm der Richtige, zumal er den Zahlen genau wie er selbst eine unabhängige Wirklichkeit zuschrieb. Hatte das richtige Alter, war anerkannt. Stimmte ihm in vielen Überlegungen zwar nicht zu, war ihm inhaltlich jedoch trotzdem näher als jener. Dass Aristoteles ihn für ungenau und episodenhaft hielt, störte ihn jetzt nicht mehr. Es brauchte gar kein neues System, seines würde genügen. Man könnte es weiterentwickeln und abwandeln. Die Schüler mussten Speusippos später nur noch wählen, was er gut vorbereiten wollte. Oder auch nicht, vielleicht sollte er ihn einfach bestimmen, denn schließlich war er der Gründer der Akademie, sein Grundstück, seine Gebäude, seine Schriften, der Erste, der etwas Dauerhaftes weitergibt. Der Name war in dem Gespräch nicht gefallen. Aristoteles ahnte aber in dem Augenblick, wer es wohl wäre. Bei der Wahl würde er schon nicht mehr in der Stadt sein.

Verkennung 7

Ging zurück ins Haus. War aufgewühlter als erwartet. Musste sich sammeln. In sich gehen. Auf andere Gedanken kommen. Ablenken. Was lag da näher, als sich den eigenen Werken zu widmen? Schrieb weiter an den Nomoi, den Gesetzen. Über die Ordnungen des Staates hatte er sich mit Aristoteles immer am besten unterhalten können, besaß einen großen Überblick, verstand die Zusammenhänge. War ihm das nicht von allem das Wichtigste? Wohl schon, aber es gab auch anderweitige Verbindungen, die lange nachwirken. Verwandtschaftliche. Hatte keine mit Aristoteles. Ihm kam dabei der andere aus seiner Sippe in den Sinn, der seinen Lebensweg maßgeblich beeinflusst hatte. Ohne den sein Erbe gar nicht hätte entstehen können.

Spiegelungen

Sie hatten oft miteinander gekämpft. Waren anfangs noch Kinder. Meistens hatte er verloren, war schließlich deutlich jünger. Irgendwann wendete sich aber das Blatt. Je mehr Griffe er lernte, und je größer er wurde, desto eher konnte er standhalten. Und am Ende sogar gewinnen, wurde schließlich der Stärkere. Der ältere Bruder war ihm der wichtigste, nicht nur deshalb. Glaukon, ein Ringer wie er. Dass ausgerechnet er und nicht Glaukon es bis zu den Isthmischen Spielen bringen würde, war nicht erwartbar. Und doch ist es so gekommen. Wegen seiner kräftig breiten Schultern und dem stetigen Üben mit dem älteren Bruder, meinten die meisten. Es war aber wohl mehr die Beharrlichkeit gewesen. Seinem Empfinden nach. Ausbilden aller Muskeln, wendig bleiben, geschicktes Zupacken, Schwerpunkt verlagern, Schwachpunkt ausmachen, Bewegung antäuschen, Griffe setzen, Standbein verschieben, Bodenkampf einleiten, das Ganze vollenden, er beherrschte es. Ein Können, das er sich mühsam erarbeitet hatte. Sah deswegen noch immer gerne bei den Wettkämpfen zu, die für ihn selbst schon so lange zurücklagen. Lieber das als Faustkampf, die andere Kraftdisziplin. Wer wie er klein und kraftvoll war, hatte gute Voraussetzungen für Ringen, und weniger gute für das, wo langarmige Fäuste wenn nicht unabdingbar, so doch zumindest vorteilhaft sind. Die richtige Wahl also.

Er hatte seinem Bruder Einiges zu verdanken. Ohnehin den Ehrgeiz, denn das regelmäßige Ringen hatte ihn angestachelt. Nachsetzen und sich verbessern, genauer werden, abschätzen, überhaupt Schwächen erahnen und mit der Zeit sicher erfassen. Man musste einen Diskus alleine werfen, auch einen Speer. Man musste alleine laufen, auch weitspringen. Aber man konnte nicht alleine ringen. Es braucht genau zwei. Steht unter Druck, sein Gegenüber zu mustern. Das hatte ihn früh geprägt. Ohne Gegenspieler fühlte er sich unwohl, es sollte ihn lebenslang begleiten. Als er jung war, folgte er Glaukon unentwegt. Wollte wie dieser Politiker werden, standesgemäß für die Familie und die Erziehung. Es kam anders, für sie beide. Im Nachhinein eine glückliche Fügung, er war froh, denn eine Rednerausbildung hatten sie nicht durchlaufen wollen, und in der Volksversammlung ging es üblicherweise hoch her. Ein aufreibender Wettkampf der eigenen Art um Aufstacheln und Besänftigen der Menge. Nicht seine Sache. Die dichterischen Versuche hatten sie zuvor schon abgebrochen, kein spürbarer Erfolg und nur ein Zugeständnis an die eigene Ausbildung. Wohl kein echtes Talent dafür, obwohl, das sah er mittlerweile nicht mehr als erwiesen. Blickte er zurück, meinte er, dass seine damals besser waren als die seines Bruders. Deutlich besser. Bis hierhin war er ihm gefolgt und noch ein Stück weiter. Denn ohne ihn hätte er diesen Steinmetz womöglich niemals kennen gelernt.

Glaukon war es, der zuerst auf ihn aufmerksam wurde. Irgendwann auf dem Marktplatz, wo Gedanken ohne

Gefährdung frei mitgeteilt werden konnten, nicht in der Volksversammlung, wo eingeübte Reden Abstimmungen beeinflussen sollten. Über den Bau der Tempel, die Aufrüstung der Flotte, öffentliche Theateraufführungen und Kultgepflogenheiten. Vor allem über die Inhaber von Ämtern, die nicht selten in die Verbannung geschickt wurden. Und über die Kriege, führten beinahe ständig welche. Stimmungsmache, was die neuartigen Geschichtsschreiber lieferten. Es ging in den Volksversammlungen hitzig zu, beruhigte sich aber auch wieder, sodass manche schon nach kurzer Zeit wieder in die Stadt zurückkehren konnten. Zu schnell seinem Ermessen nach. Verbannung galt nicht für alle Zeiten, die sich rasch ändern konnten. Ein hin und her, nichts Anhaltendes.

Auf dem Marktplatz ein buntes Treiben, manchmal ernsthafte Begegnungen, aber niemals Abstimmungen oder auswirkungsreiche Entscheidungen. Nur kleine Grüppchen, ein Übungsfeld, um Stimmungen zu erkunden. Für Sophisten war es ein Ort der Selbstdarstellung zur Gewinnung neuer Schüler im Ausstechen anderer Sophisten, den unermüdlichen Nebenbuhlern. Es ging um Lorbeeren, Ansehen, Geld, wie bei den sportlichen Wettkämpfen. Wer politische Ambitionen hegte, wählte unter den Sophisten einen Lehrer aus, der ihn dahinbringen sollte. Beide umgarnten einander, ein eigenwilliges Schauspiel, viel Schatten, wenig Licht. Sie waren schlau, teilweise gerissen, aber doch nur Täuschungskünstler. Behaupteten, dass man seine Meinung ständig ändern sollte, weil sie dem launischen Volk angepasst werden müsse.

Glaukon brachte ihn zu ganz anderen Zusammenkünften. Zu einer bestimmten Art und Weise, die er bei dem kaum bekannten Steinmetz kennen gelernt hatte. Stellte Fragen, die er bislang nicht gestellt hatte. Nahm die Antworten nicht mehr bereitwillig hin. Hinterfragte weiter. Gliederte. Blieb hartnäckig. Veränderte sich. Und erläuterte ihm, weshalb. Freunden war es nicht gelungen, Glaukon von seinen politischen Bestrebungen abzubringen. Dem Steinmetz war es mit wenig Mühe gelungen. Durch beständige Fragen, die Unwissenheit ans Licht bringen. Mit spöttischen Bemerkungen, die bloßstellen. Und blamieren wollte sich sein Bruder nicht, durchschaute allmählich seine Selbstüberschätzung. Wurde vorsichtiger. Und wandte seinen Ehrgeiz anderem zu. Fragen. Sein Bruder hatte ihn mit einem Mal regelmäßig mitgenommen, war sich sicher, dass sie in der Ringhalle irgendwann auf den Steinmetz treffen würden. Ein Ausbildungsort. Trieb sich dort herum wie die Sophisten, die ebenfalls nicht kamen, um zu ringen. Hatte überhaupt keine Statur dazu. Niemals gehabt. Sah es auf den ersten Blick. Passte er nicht eigentlich gut zu den Wortklaubern? Schien ihm zuerst einer wie sie.

Der Steinmetz ließ gerne reden und stellte einfache Gegenfragen. Fing an, machte Pausen, hörte zu, wurde dann lebhaft. Und wieder ruhig. Manchmal bohrend. Selten herablassend. Es wirkte leicht, nicht viele Worte, er hinterfragte die Antworten, bot jedoch keine eigenen an. Überraschend zwar, doch zunächst hatte ihn das wenig beeindruckt. Wohin sollte es führen? Doch dann begriff er allmählich die Technik dahinter. Die Vorgehensweise war stets die Gleiche. In Antworten liegt Gefahr. Irrtümer, scheinbare Sicherheit, Fehlurteil. Selbsttäuschung, da war sie. Antworten liegen in einem selbst. In dem, was man zu wissen meint, weil man es angehäuft hat und dem dann vertraut. Man muss die Missverständnisse in sich beiseite räumen. Sich schulen. Genau sein. Wie beim Ringen. Immer zwei oder mehr, es braucht Widersacher. Möglichst selbstsichere. Fragen schienen den Steinmetz beinahe unangreifbar zu machen, ein Ringer, der keinen Halt für einen Gegenangriff bot.

Sie hatten bald nach dem ersten Treffen erwogen, ob es um geschicktes Reden gehe oder eher um das Finden von richtigen Antworten. Um Sieg oder Wahrheit. Um Stimmungen oder wirklich die Befreiung von fehlgeleiteten Meinungen. Und waren umgehend auf den Vetter der Mutter zu sprechen gekommen, der zu den Dreißig gehört hatte, die nach der Niederlage gegen Sparta die Macht in Athen an sich gerissen hatten. Deren Herrschaft dauerte zwar nur acht Monate, kräftig unterstützt von Sparta, aber es war eine zweite Niederlage für Athen nach der im Feld. Ihr Sturz war überfällig, das erfassten die meisten recht schnell. Es war eine Tyrannei mit offenen Hinrichtungen und weniger sichtbaren Morden, angewiesen auf die Unterstützung der Besatzer aus dem Südwesten. Das Vermögen der Getöteten sprachen sie sich selbst zu, so wie sie die Gesetze selbst machten und die alten außer Kraft setzten. Willkür, Habgier und Rache, sie waren sich einig, für beide die schlimmste Zeit in Athen.

Er hasste diesen Vetter der Mutter. Und seinen Onkel, der zwar nicht unmittelbar zu den Dreißig gehört hatte, aber für diese in der Verwaltung des Piräus saß. Im äußeren Gürtel der Machthaber. Keiner der Sophisten hatte das verhindert, auch gar nicht wollen, schlechte Lehrer für eine noch schlechtere Führung. Wären die damaligen Versuche gelungen, sie ebenfalls in die Politik zu ziehen, wäre es ihr Verderben gewesen. Sie waren sich einig, die Entwicklung gab ihnen ohnehin recht. Auch jetzt sollte man die Finger davonlassen. Glaukon pflichtete ihm bei.

Gerechtigkeit ist nicht Macht, sie hatten dem Steinmetz längst zugestimmt. Sie musste etwas von Städten Unabhängiges sein, das von ihnen lediglich besser oder schlechter umgesetzt wird. Ein Bezugspunkt in all dem Wechsel. Gesetze sollen Gerechtigkeit abbilden, aber auch sie sind nicht die Gerechtigkeit selbst. Deshalb müsste, wer sich in Staatsgeschäften bewegt, vor allem darüber Genaueres wissen. Nur das würde Bürgerkrieg verhindern, ein unsinniges Ausbluten der Stadt. Der Steinmetz beließ es üblicherweise bei derart hinführenden Fragen. Er selbst wollte mittlerweile jedoch mehr, Antworten hören und geben. Wer etwas weiß, muss es weiterreichen, wo andere nur täuschen. Entdeckte es zunehmend als seine eigene Berufung. Glaukon war nicht in Lage gewesen, ihm dorthin zu folgen, er hatte ihn schon wieder hinter sich gelassen und sah vor sich, was jener nicht konnte.

Doch er wollte ihm jetzt eine gute Rolle geben. Sein Bruder war vor wenigen Jahren gestorben, wurde nicht sonderlich alt. Es hatte ihn eine gewisse Zeit lang mitgenommen, das Gefühl war dann abgeflaut und jetzt nicht mehr vorhanden. Er überlegte, ihn inmitten seiner Überlegungen zum Staat auftreten lassen, ein längerer Dialog zwischen Glaukon und dem Steinmetz. Der einen entscheidenden Kern seiner mittlerweile gewonnenen Überzeugungen beschreiben sollte, verpackt in ein anschauliches Gleichnis. Er hatte es sich ausgedacht, eines Nachts, auf einem Schiff. Von dem er nicht wusste, ob es einen sicheren Hafen erreichen würde. Der Himmel wolkenverhangen, stürmische See, kaum Sicht. Tosender Lärm. Man könne in der Ferne höchstens einen Gebirgszug erahnen oder eine Küstenlandschaft erraten, meinte der Steuermann. Aussichtslos. Sie erschienen ihm höchstens wie ein dunkler Schatten, der sich unscharf vor dem Nachthimmel abzeichnet. Fixsterne helfen bei der Bestimmung der Richtung. Doch es war zu dunkel, nichts zu sehen. Schon gar nicht das, was man am Tag sieht, wenn die Sonne scheint. Sorgt sie nicht für Vertrautheit, selbst bei stürmischer See? Er hatte sie herbeigesehnt in dieser Nacht. Mehr als jemals zuvor.

Sie hofften auf Leuchtfeuer, die geringe Möglichkeit, einen Hafen zu finden. Man konnte sie aber erst von einer gewissen Nähe an ausmachen. Kein helles Licht, nur unsicher und schwach flackernd. Nicht wie das Sonnenlicht, das alles sichtbar macht. Feuer war ein schwacher Hinweis, doch immer noch besser als verdeckte Sterne und Schattenumrisse in der Ferne. Und Feuer war die Sonne im Grunde genommen auch. Ein Steuermann braucht einen Wegweiser, soviel stand fest. Und der Nachthimmel konnte ihn nicht liefern, das ebenfalls. Auch ohne Sturm sah man in der Nacht nur sich wellende Spiegelbilder auf Wasseroberflächen, die groben Verzerrungen auf glatten Oberflächen schimmernder Kelche glichen.

Er erinnerte sich grob an diesen Moment, ließ ihn schwächer werden, löste sich, nahm das Wesentliche heraus und verdichtete ihn zu einer Grundsatzfrage von dunkel und hell. Was ihm dazu noch fehlte, hatte er schon anderweitig vorbereitet. Pseudowahrnehmung. Niemand arbeitet so fachkundig damit wie das Theater. Erwünschter Sinnesbetrug. Verführerische Trugbilder. Machte als Gegensatz die Sonne zum Ort der Wahrheit, das Gleichnis nahm Gestalt an. Unsicheres Meer hatte er verlassen. Alles in eine vermeintlich geschützte Höhle verlagert, wo sie angekettet sind wie rudernde Sklaven auf dem Schiff und sich nicht umdrehen können. Eingeschränkte Erfahrung. Deshalb würden sie nur Schattenbilder an der Wand vor sich sehen, die Gegenstände hinter ihnen durch ein für sie ebenfalls nicht wahrnehmbares Feuer noch weiter dahinter werfen. Eine bizarre Szenerie. Erheblicher Bühnenaufwand. Ob es verständlich genug war?

Sie könnten gar nicht anders, als die Schattenbilder für die echte Wirklichkeit zu halten. Hätten nie etwas anderes gesehen. Dauerzuschauer im Theater, würden alles glauben, was ihnen dargeboten wird. Einer sollte befreit werden und zum Ausgang der Höhle gehen wie ein Schiffer, der die Nacht meidet und am Tag steuert. Er könnte alles sehen, die ganze Vorrichtung. Und wüsste, dass alles, was er bisher sah, eine Schattenwelt war, keine echten Dinge, keine Wahrheit, die in Wirklichkeit unangenehm ist und blendet. Niemand will einer Täuschung überführt werden. Hätte er sich an das Licht gewöhnt, würde er oben angekommen die Sonne als Lichtquelle erfassen. Er hatte sein Bild für den Erkenntnisweg gefunden, ein Aufstieg, wenn auch ein qualvoller. Reiche Ausbeute für sein kleines Schauspiel. Eine Reihe von Erfahrungen damit verarbeitet. Lehnte sich zurück. Die lange Fahrt über das Meer, die schmerzliche Gefangenschaft in Syrakus, die gelungene Wiederbelebung in Form der Akademie, die auf Ausformulierung wartende Lehre. Es gipfelte in einem Aufstieg, er konnte sich glücklich schätzen. Schloss die Augen und sog die Luft ein.

Glaukon war in seinem Wahrheitsgleichnis überzeugend untergebracht, er durfte zufrieden mit sich sein. Fasste ihn als außergewöhnlich verständigen Gesprächspartner des Steinmetzes. Die späte Ehrerbietung schien ihm angemessen. Es war nicht das erste Mal, dass er einen ihm früher Nahestehenden so handhabe. Hatte kürzlich mit dem Steinmetz dasselbe gemacht. Eine Statue geschaffen, die er sich zurecht meißelte. An ihr gestaltet und herausgearbeitet, was in ihm selbst lag. Überaus wirkungsvoll fand er. Bot es sich nicht an, damit fortzufahren? Hielt einige seiner Begegnungen für verwendbar. Konnte mit ihnen veranschaulichen, was ihm besonders wichtig geworden war. Das Wahre hinter allen Erscheinungen, schmerzliche Erfahrung. Doch man kann die selbstgesteckte Grenze überschreiten. Die der eigenen Stadt und ihrer Einwohner. Den richtigen Bezugspunkt der Verfassung finden. Was sollte das sein, wenn nicht Gerechtigkeit? Das Dunkel der Höhle hinter sich lassen. Politiker mitnehmen und bilden. Zum Höhlenausgang führen. Ist das Gerechte an sich nicht fehlerfrei und unveränderlich wie die ewige Sonne? Nicht einzelne Situationen, in denen sie zur Anwendung kommt. Auch nicht einfach alle zusammen. Nein, die Gerechtigkeit selbst, ihr Wesen. Schob willkürlich Situationen ineinander. Hätte er niemals Ungerechtigkeit erlebt, wüsste er nicht, was gerecht ist. Bekam einen leicht verklärten Blick. Sämtliche Bemühungen, sie zu verwirklichen, empfand er als wiederkehrende Versuche. Wie wachsende und absterbende Ölbäume, gefolgt von neuen Ölbäumen, ebenfalls verschwindend, hinter all dem eine nährende Ölbaumidee.

Las es wieder und wieder. Sogar laut. Kam sich zunächst vor wie jener, der zum Höhlenausgang geführt worden war. Dann wie einer, der einen anderen dorthin begleitet, weil er die Sonne bereits gesehen und alles durchschaut hat. Befreit von den Sophisten, die der Macht nahe waren, doch falschen Zielen folgten. Nur vorübergehenden Erfolg und wachsendes Vermögen suchten. Was oft gelang war, das wollte er zugestehen. Schattenbilder. Brauchte das nicht. Die Dreißig hatten zu keinem Zeitpunkt mehr erreicht, es war von kurzer Dauer. Er wollte nicht das, auch nicht Glaukon, sein älterer Bruder. Nahm es persönlich, das Versagen seiner Verwandten. In seinem Gleichnis hätte der Bruder der erste sein können, der den Erkenntnisweg geht, den er gerade beschrieben hatte. Aber so war es nicht gewesen, und so würde er den Dialog auch nicht enden lassen. Glaukon war nicht so weit gegangen, nicht so beweglich wie er. Hatte es sich nicht schon beim Ringen abgezeichnet? Nein, die Aufgabe war eine für ihn selbst, den früheren Gewinner. Der er weiterhin bleiben wollte. Verloren hatten andere.

Urteil

Die Stadt hatte er im Morgengrauen hinter sich gelassen. Einige Tage nach der Sache mit dem Schierlingsbecher. Er wusste, wie es abläuft und musste es nicht miterleben. Die Lähmung steigt ganz allmählich die Füße hoch, dann kommen die Rückenmuskeln, sie erfüllt langsam den ganzen Körper, zum Ende hin setzt die Atmung aus. Krämpfe, Atemnot, Ersticken bei vollem Bewusstsein, über Stunden hinweg, eine übliche Hinrichtung. Kein schöner Anblick und mit Sicherheit nichts, bei dem er auch noch dabei sein musste. Schon den Tag zuvor hatte er nicht mit ihm verbracht, das Gefängnis gemieden. Worüber sollte er auch mit ihm sprechen? Sie hatten sich voneinander entfernt und überhaupt, so wichtig war er ihm damals nicht mehr vorgekommen. Sokrates war verurteilt und wurde hingerichtet. Den Becher musste er selbst leeren, ein verordneter Selbstmord. Es ging ihn nichts an, flüsterte ihm seine Erinnerung noch immer ein. Doch Freundschaft zählt, war gerade für ihn bedeutend, er durfte nicht alles verleugnen. Könnte es wieder gut machen, ihm einen eigenen Abschied widmen. Einen, der nachhallt. Er war jetzt soweit. Wollte ein letztes Mal ansetzen. Zu etwas, mit dem er zufrieden wäre. Abschließend.

Dabei hätte Sokrates ohne große Anstrengung fliehen können. Die Wachen bestechen, entkommen, ins Exil gehen. Das geschah regelmäßig, allen war es bekannt, auch dem Steinmetz. Niemand störte sich daran, Urteile sind welche für den Moment, und die Zeiten können sich wieder ändern. Auch die Härte des Urteils wäre leicht abzuwenden gewesen. Nur etwas mehr als die Hälfte sprach ihn nach der ersten Abstimmung schuldig, eine Umstimmung war möglich und wäre noch nicht einmal schwer gewesen. Doch Sokrates gab nicht klein bei, wurde noch überheblicher, forderte sie heraus. Die Stimmung kippte immer weiter. Ihm war nicht klar, ob er die aufgeladene Lage ausreizen wollte, es schien ihm fast so. Als sähe er sich auf dem Marktplatz. Allein der Vorwurf des Gerichts war lächerlich. Vorgeschoben, wie meistens. Womöglich erfasste er auch die Situation nicht angemessen und reagierte impulsiv. Mit Sätzen tänzelnd. Hoffte, sie würden ihm seine Bissigkeit zugutehalten. Als könne ihm wie einem Kyniker kaum etwas passieren, weil er nichts an sich heranlässt. Ein Ungefährlicher. Oder er war müde, über altersbedingte Schmerzen hatte er zeitweilig geklagt. Nahm das Verfahren als ein willkommenes Schauspiel, das sein Ende vorbereitet. Eventuell sogar alles zusammen. Sein ganzes Verhalten sprach für ein Durcheinander, er wirkte zugleich vermessen, ungeschickt und verbohrt. Welche Absicht auch immer hinter seinen Worten liegen mochte, er konnte sie nicht durchschauen, wenn er denn überhaupt eine eindeutige hatte. Es war unwürdig gewesen, er hatte mit ihm abgeschlossen.

Die Athener hielten ihren althergebrachten Götterkult hoch. Zeigten sich besonders versessen und giftig in dieser Zeit. Dabei waren doch die Sophisten die wirklich Ungläubigen, schließlich sahen sie im Menschen allein das Maß von Richtigkeit und belächelten Tempel, Kulte und Gesetze. Nur zur Herrschaftsfestigung und Beruhigung der Bürger zu gebrauchen. Warum ließen sie diese in Ruhe? Weil sie ihnen nutzten, denn über sie meinten sie in ihre Ämter zu kommen, er musste nicht nach der richtigen Antwort suchen. Sokrates der Gottlosigkeit anzuklagen, schien ihm angesichts dessen trotzdem unangemessen, denn um Götter war es ihm niemals gegangen. Eine Nebensache, er hatte kein Aufhebens darum gemacht. Nein, es hatte sich etwas zusammengebraut, es gab Aufgeregtheiten in den Versammlungen, die Niederlage gegen Sparta hatte tiefe Wunden geschlagen. Diese Schmach, der bohrende Schmerz, das war das Ausschlaggebende, nicht was jemand dachte und sagte. Sie behaupteten, weil die Traditionen nicht beachtet wurden, hätte Athen verloren. Götterzorn. Doch sie glaubten selbst nicht daran, eine Ausrede, es war eine Jagd auf Missliebige. Zu viele Prozesse ohne echten Anlass. Die Anhänger von Sokrates hatten nicht mit diesem harten Urteil gerechnet, er ebenso wenig. Nicht mit dessen speziellem Auftreten. Nicht damit, dass er nicht fliehen wollte. Ein Gespräch hätte keinen Sinn mehr gemacht. Jedes Mal, wenn er zurückblickte, fühlte er sich bestätigt. Wozu Zeuge der letzten Stunden?

Lange her. Sokrates hatte die Stadt nicht verlassen, er schon. Der Steinmetz hatte versagt, das Gericht hatte versagt, die Stadt hatte versagt. Doch in Wirklichkeit stand sein Plan bereits seit langem fest, der Giftbecher änderte nichts daran. Es ging ihm um den Tod. Das Urteil war kein Auslöser. Eher ein unbedeutender Anlass, um in diesem Moment zu tun, was er sowieso vorhatte. Erst nach Megara, in die Hafenstadt in der Nähe, von da aus über das Meer nach Süden. Zu den fernen griechischen

Stadtgründungen. Mit ihrer jeweiligen Mutterstadt durch Handel und Kulte verbunden, trotzdem eigenständig. Andere Kenntnisse. Seine eigenen mitbringen. Dort erfahren, was sie demgegenüber wussten. Wie ein Händler Waren tauschen. Und in das alte Ägypten. Unverkäufliche Einsichten. Bei jeder Erinnerung, die ihn überkam, durchmaß er den Abstand zu ihm. Schien ihm umso größer, je mehr Zeit verstrich. Nur noch ein ferner Schatten mit groben Umrissen. So kam er ihm inzwischen vor.

Jener schrieb nicht, er ganz selbstverständlich. Jener stellte Fragen, er legte sich auf Antworten fest. Jener war bescheiden, er vermögend. Jener sprach alltäglich, er geschliffen. Jener hatte als Hoplit gekämpft, er war nur einmal in Waffen gewesen. Jener war oft fahrig, er planvoll. Jener blieb in Athen, er war gegangen. Doch er konnte ihn gut für seine Dialoge gebrauchen, an die er sich bald machen wollte. Als Steinmetz hatte er nie gearbeitet, sich stattdessen in wilde Auseinandersetzungen verfangen. Ein anderes Werkzeug, geübt mit Worten, wendiger als er selbst, und dabei doch kein Rhetoriklehrer. Während diese immer auf der Suche nach neuen Schülern waren und sich deshalb mit großer Beharrlichkeit an Ausbildungsstätten und Treffpunkten der jungen Athener aufhielten, war der Steinmetz an jedem beliebigen Ort zu finden, an dem er auf gesprächsbereite Menschen traf. Meistens unberechenbar. Damals warf er ihm vor, dass er mehr erreichen hätte können. War nicht der Steinbildhauer Phidias ein einflussreicher Politiker gewesen? Sokrates hatte abgewiegelt, es stand für ihn nicht zur Auswahl. Was stattdessen? Er war mit ihm darüber aneinandergeraten. Jetzt könnte er daraus schöpfen.

Ihn neu erfinden und ihm Dinge in den Mund legen. Größeres Ansehen geben, zum Klügsten der Stadt machen. Vom Orakel bestätigt, der Einfall war bereits älter, er gefiel ihm noch immer. Dem Schatten Licht spenden und neues Leben einhauchen. Das Wirre tilgen, ihn für seine Zwecke glätten. Dafür war der Tote noch immer geeignet. Besser als der Lebende. Die Verurteilung lag lange zurück, er saß erneut über einer Apologie, einer Verteidigung, die er ihm zudichtete. Ein eigenwilliger Vorgang, hatte schon mehrfach angesetzt. Wollte seine eigene Szenerie finden, nicht das Geschehene abbilden. Es gab frühere Fassungen, mit sich aufdrängenden Erinnerungsfetzen, hatte sich um den heraufbeschworenen Wortlaut des Prozesses bemüht. Stellte fest, dass nicht nur sein Gedächtnis unscharf war, sondern merkte, dass es vor allem zu nichts führte. War nicht mehr von ihm beeindruckt. Hatte eigene Worte im Kopf. Sokrates veränderte sich immer mehr. Musste zu einem anderen werden. Noch nicht einmal zu einem, in dem sich Tatsachen und Dichtung überlagern. Zu einem, der erst in der Strenge seiner Vorstellung entstand. Antworten vertrat, die er selbst gefunden hatte. Sein eigener Sokrates.

Es gab einige Apologien von anderen, die ihn weniger vorteilhaft zeichneten. Hatte sie gelesen, wenig davon gehalten. Dessen ewige Haarspalterei und unstetes Moralisieren heraushoben. Er war zuerst dem gleichen Weg gefolgt, hatte ihn verworfen, neu angefangen und war doch unzufrieden gewesen. Jetzt aber sah er es vor sich, klarer als bisher. War auf einen Mittelpunkt aus. Der Prozess interessierte ihn immer weniger, das Ausschlagen der Fluchtmöglichkeit war das entscheidende Ereignis. Natürlich, dachte er, Raum für Beweggründe, die ihm gefielen. Nicht weil es so gewesen war, sondern weil er es so für stimmig hielt. Ihm eine stichhaltige Begründung geben, seine eigene Erklärung. Was ihm selbst wichtig geworden war. Gerechtigkeit. Falsches um ihretwillen erdulden und sie damit bestätigen, nicht selbst Falsches tun und fliehen. Größe zeigen. Gerade wenn das Urteil ungerecht war. Ein unermesslicher Unterschied zwischen Verurteiltem und

Gericht. Kleinliche Richter, großer Denker. Sie verstanden nichts von Gerechtigkeit, er hielt sie hoch. Im Fehlurteil das Urteil annehmen. Er hatte es sich zurechtgebogen, der schwache Schatten verlor an Gewicht und gewann gleichzeitig an eindeutiger Kontur.

Könnte er Sokrates nicht groß machen, viel größer als er jemals gewesen war? Zu demjenigen, der Athen bei vielen Fragen den Spiegel vorhält und die Stadt schlecht aussehen lässt? Der hartnäckig in allen Belangen eine kluge Sichtweise vertritt? Kein menschlich abwägendes Maß, wie die Sophisten, nein, gradliniger, beharrlicher, entschiedener. Überlegener vor allem im Nachhinein, unangenehm für alle. Sokrates nahm in seinem Gedankengebäude immer mehr Gestalt an. Wurde zu einem heroischen Vertreter der Wahrheit. Von hier aus schrieb es sich beinahe von selbst, er musste nicht mehr viel überlegen. Zum ersten Mal vor Gericht, keine rhetorischen Griffe, gängige Redeweisen vermeiden. Fragen an die Richter und Bürger. Das war die Form. Bestechung wäre möglich gewesen. Er hatte von seinen Anhängern und Freunden kein Geld genommen, auch jetzt trotz der Bitten keinen der Sophisten zu Rate gezogen, die sich mit Gerichtssachen gut auskannten. Indem er sein eigenes Wissen scheinbar klein machte und sich vor Gericht großspurig dafür entschuldigte, wurde das der anderen noch kleiner. Das war der Rahmen.

Sokrates würde die Sophisten auf ihrem eigenen Feld schlagen, vor Gericht der eigentliche Gewinner sein. Für die Leser seiner Apologie. Verlieren und trotzdem gewinnen. Die Ankläger konnten bestechend sprechen, aber die Wahrheit hatte sie nicht gekümmert. Dichter, Sophisten, Politiker, schöne Worte, kein Wissen, beschränkte Kunst. Er stellte sie bloß, manche mussten ihm zustimmen, manche ihn dafür hassen. Falls er falsch lag, sollten sie ihn doch belehren, so legte er es ihm in den Mund. Das war eine offenkundige Frechheit, er hatte sie in einer früheren

Version benutzt und auch jetzt noch immer für gelungen befunden. Ein bissiger Entlarver von Berufs wegen, der sie vorführte. Geteilte Schuld für das Urteil, Fehler auf beiden Seiten, aber ausgehend von den Richtern. Das war der Inhalt. Je mehr er schrieb, desto mehr Gefallen fand er an seinem Steinmetz. Viel musste er nicht mehr feilen, die Worte fanden sich, als schrieb er Verse für eine Tragödie. Hörte, was er abfasste. Sollten sie ihn doch verurteilen und hinrichten, er wolle es gelassen hinnehmen, die Stadt aber würde einen unermesslichen Schaden erleiden. Ließ ihn im Gefängnis zu Schülern sagen, dass sie dem Asklepios einen Hahn opfern sollten. Ihn dem Gott der Genesung darbringen, als Dank für den Schierlingsbecher. War das nicht ein gelungener Spott? Er übertrieb es, je länger er schrieb. Aber die Erinnerung war sowieso verblasst. Sein eigener Sokrates begann zu atmen. Und er durch ihn hindurch.

Der Tod ist keine Strafe, da niemand wissen könne, ob er gut oder schlecht ist. Er kenne keine Erlebnisberichte, nur das, was Dichter behaupten. Tatsächlich hatte das der Steinmetz vertreten, er baute es ein. Der Hinweis auf eine innere Stimme war seine eigene Zugabe. Ebenso das mit der Seele. Von all dem hatte er erst in Ägypten erfahren. Dorthin war er nach dem Urteil gereist, weil sich die Ägypter schon viel länger mit dem Tod beschäftigt hatten. Pyramiden, Totenstädte, Mumien, Totengericht. Das Priesterwissen hatte Wirkung gezeigt. Von Sokrates hatte er nichts Durchdachtes darüber gehört, von Händlern und Reisenden gelegentlich etwas aufgefangen, aber nur Ungefähres. Im Delta des Nils war es anders, er hatte ihre Erläuterungen in Memphis und Heliopolis aufgesogen.

Wollte möglichst viele Weisheiten sammeln, Traditionen durchwandern, Überlieferungen der Alten durchpflügen. Gab es in Ägypten nicht die ältesten? Dort hatten die Priester nicht nur Weisheit, sondern auch Macht, es kam beides voneinander, niemand stellte sie infrage, sie belehrten die Pharaonen und folgten ihnen in den Tod. Sie schätzten Wissen offenkundig nicht nur, es war Teil von Herrschaft. Zeichen, Astronomie, Geometrie, Schreiber, Kulte, Architektur, alles deutlich älter als das, was seine eigene Heimat bot. Ein Sonnengott, Verjüngung, Wiedergeburt, Rechtsprechung, Kreislauf. Es war so viel, er würde es in seinem Sinn ordnen müssen. Bei Gelegenheit mit dem verbinden, was er danach bei den Pythagoräern erfahren hatte. Wurde dadurch abgelenkt, musste rabiat ausblenden, was ihm alles durch den Kopf rauschte, sich wieder und wieder sammeln. Seitdem er den Schlüssel gefunden hatte, überkamen ihn all die anderen Erinnerungen, die sich durchsetzen wollten. Bemühte sich, sie abzuwehren.

Während der Abfassung der Verteidigungsrede kam ihm seine eigene in Sinn, die er nicht hatte halten können. In Syrakus war er vom Tyrannen versklavt worden, einen Prozess gab es nicht. Hatte geirrt wie die Athener. Er und der Steinmetz ein Opfer. Jenem hatten sie immerhin einen rechtmäßigen Prozess gemacht. Er sein Urteil ohne die Gelegenheit einer Gegenrede erhalten. Er nutzte seine noch immer aufschäumende Wut, verwandelte sie in eine fälschliche Urteilsfindung, die Sokrates galt, vermied aber jeglichen Hinweis auf die an ihm selbst begangene Ungerechtigkeit in Syrakus. Klammerte zudem seine vielfältigen Überlegungen zu politischen Ordnungen aus. Wollte aus dem ein eigenes Werk machen. Ein großes. Teile dazu hatte er längst. Deshalb nur dieser eine Athener Prozess, auch wenn es schwerfiel.

Die Reise nach Ägypten hatte seinen Blick auf das Schreiben verändert. Wie selbstverständlich saß er jetzt hier mit Pinsel und Papyros. War mit sich zufrieden. Zu unstet dieser Steinmetz, spitzfindig, ungreifbar, und überhaupt, alles unausgearbeitet. Zum Glück hatte er nicht geschrieben. Lächelte. Platz für ihn selbst. In Ägypten kannten sie einen Mythos der Schrifterfindung, der ihm zusagte. Thot, der Gott der Schreiber, der Schriften, des Wissens, der Rechenkunst. Er hatte Abbildungen von ihm in den Tempeln gesehen, ein Schutzgott der Gesetze, Verträge, Weisheitssprüche. Einer, der wusste, was selbst andere Götter nicht wussten, und den Menschen Schrift gab. War Wächter vor dem Totengericht, protokollierte die Wägung der Herzen. Führte die Verstorbenen zu ihrem Platz, sicherte den Fortlauf der Zeit und der Erneuerung. Sie hatten ihm einen Ibiskopf gegeben, einen Schnabel wie ein Griffel für Tontafeln. Durchaus passend schien ihm, immer mehr.

Er wollte Sokrates für eine anscheinend kluge Begründung verantwortlich machen. Die Szene stand erst schemenhaft vor ihm. Sokrates, ein Schüler und der Mythos von Thot, der Menschen ein Geschenk macht. Ein vergiftetes vielleicht. Schrift spricht nicht wie der Urheber von Reden, sie schweigt auf Nachfrage. Ein Ort des Todes, aber doch einer, der von Gesagtem berichtet. Später erst, er würde das noch entfalten, jetzt stand es nicht an. Den Standpunkt aufbewahren, ihn irgendwo einbauen. Würde sich sicherlich finden. Ihm war klar, dass er den Steinmetz sich an dieser Stelle irren lassen würde. Ihn geschickt erscheinen lassen, aber insgeheim als nicht geschmeidig genug. Ein Schriftgegner. Anders als er, der sich künftig nur noch Dialoge ausdenken und aufschreiben wollte. Nein, an Schrift war überhaupt nichts auszusetzen, er konnte sie schließlich für Zwiegespräche nutzen, die er sich ausdachte und in seinen Ohren hörte. War angeregt worden durch Dialoge, die Schüler des Sokrates in Umlauf gebracht hatten. Ein paar hatte er gelesen. Mäßige. Und sofort unterstellt, dass er es besser könne. Hatte damit begonnen, bislang nur Versuche. Teilstücke. Liegen gelassen, ihre Zeit würde kommen.

Zunächst die Verteidigungsrede beenden, die so niemals gehalten wurde. Abschluss vor Neuanfang. Es stimmte schon, auf Nachfrage antwortet Schrift nicht. War das nicht ein unermesslicher Vorteil? Er hat nichts geschrieben, wurde vom Giftbecher gelähmt und war jetzt vergangen. Konnte sich nicht wehren. Man würde stattdessen seiner Apologie vertrauen. Sokrates konnte in ihr wie in einem angemessenen Sarkophag überdauern, er redete es sich ein. Damit hatte er einen gangbaren Weg gefunden, nicht nur für diese Schriftrolle. Mit vielen Abzweigungen. Die Vorstellung Sokrates. Dessen Wiedergeburt in vielen Dialogen. Wie viele, konnte er in diesem Augenblick noch nicht abschätzen. Jedes Mal zu einem anderen Thema. Zu dem, was ihn selbst bewegte. Es arbeitete in ihm, wie die vergorenen Teige, aus denen die Ägypter Bier erzeugten, und wie Wein, der in mit Harz verschlossenen Amphoren reifte.

Eine spezielle Art der Einbalsamierung. Sein Sokrates in einer Buchstabenpyramide aus Rede und Gegenrede. War es nicht das Gleiche mit Gesetzestexten? Einmal verfasst wurden sie Richtschnur und sollten überdauern. Pinsel, Papyros, Gespräche, Lehrstücke. So wie sich Richter und Politiker an Gesetze zu erinnern hatten, so wie sich die menschliche Seele an Ideen erinnern sollte, so würde er über Sokrates schreiben, der über die Idee des Guten spricht. Aber waren es in Wirklichkeit nicht seine eigenen Überlegungen? Er wischte den Einwand großzügig weg. Nicht ein Schatten an der Wand, der er war, sondern eine Sonne, die er sein würde. Dessen Gesprächspartner und Widersacher konnte er unterschiedlich klein halten. Es war überhaupt keine Wiedergeburt, nein, es war der Sarkophag seines ganz eigenen Sokrates. Behandelte ihn wie einen der homerischen Helden. Er konnte den Steinsarg mitsamt dem Inhalt, den er ihm gegeben hatte, sorgsam verschließen.

Er sah es deutlich vor sich. Eine überragende Zukunft für beide. Seine eigene Wiedergeburt in Texten. Er schrieb schließlich und sprach nicht nur. Geschriebenes bleibt wie Ideen. Man kann es immer wieder lesen, sich daran erinnern, herausholen, neu lesen, überprüfen. Er würde schon bald eine Bibliothek haben wie die Ägypter. Sprechen verweht und wird vergessen. Und vergessen werden wollte er als letztes. Es genügte, dass er als Verfasser bekannt blieb, er brauchte seinen Namen nicht in die Dialoge hineinschreiben. Dann wäre er nur ein Teil. Nein, er war das alles, seine Sprache, seine Inhalte, sein Wissen, sein Vermögen. Der Pinsel flog über den Papyros, rasch wie ein Vogel, sein krummer Ibisschnabel, nur beweglicher. Er war nicht müde, er fing gerade erst an, ein derartiges Urteil hätte er niemals angenommen. Er missachtete ihn und bewunderte seine eigene Figur immer mehr.

Harmonien

Sie aßen überhaupt kein Fleisch. Weil sie es sich verboten hatten. Sehr strenge Regel. Fische schon, aber nicht alle. Ausnahmen immerhin. Bei Pflanzen waren sie wenig wählerisch. Großzügig also. Durften aber nicht die Bohnen essen. Rätselhaft, doch verzichtbar. Es war äußerst verwunderlich für einen aus Athen. Bräuche unterschieden sich von Stadt zu Stadt, es war ihm längst vertraut. Doch das hier ging viel weiter. Sie strebten nach größtmöglicher Eintracht, der eigene Organismus und der große Kosmos im ständigen Ausgleich. Beseeltes nicht essen, noch nicht einmal opfern. Weil die Seelen der Menschen und der Tiere nicht grundverschieden sind. Wie konnte man darauf eine Staatsordnung aufbauen? Wo doch bei Opferfesten und Zeremonien Tiere geschlachtet und das Fleisch zugeteilt wurde. Alle warteten darauf, hatten Anspruch gemäß ihrem Status in der Stadt. Es gab viele Feste, überall, wo er gewesen war. Der Rauch aus Knochen, Haut und Fett kam den Göttern zu, wurde verbrannt, war ihnen gewidmet. Stieg nach oben, sie schauten ihm nach und freuten sich. So hatten sie es einstmals mit ihnen ausgehandelt, sagte man. Götter warten auf Opfermahle wie die Menschen. Eine kluge Einrichtung, meinte er. Weil sie Fleisch verschmähten, waren sie Fremde in allen Städten. Außer in ihren eigenen. Und er gerade mitten unter ihnen. Er griff zu, hatte Hunger, sich aber nicht daran gewöhnt.

Ihrer einfachen Lebensweise konnte er nichts abgewinnen, staunte jedoch, wie gut die Stadt funktionierte. Er war nach Taras gekommen, um von Archytas möglichst viel über die Zahlen zu erfahren. Ein Pythagoräer, über die wundersame Dinge erzählt wurden. Dabei kannten sie sich offensichtlich nicht nur mit Zahlen aus. Er pflichtete bei, weil er es seit Tagen beobachtete und von vielen in Taras über ihren Zusammenhalt hörte. So seltsam kamen sie ihm eigentlich nicht vor. Übertreibungen der Ferne. Sein Gastfreund war nicht nur Philosoph, sondern auch Staatsmann und Feldherr. Mehr als einmal von seinen Mitbürgern dazu bestimmt worden. Unumstritten, sie achteten sein Wissen. Er wünschte sich Ähnliches für seine Heimatstadt, doch in Athen hatten die Sophisten zu viel Einfluss. Konnte nicht nur ein Heer führen, war oberster Befehlsherr eines ganzen Bundes und ein Weiser. Führten immer noch Kriege mit den Italikern. Hatten das Land an der südlichen Küste genommen und ihre Stämme versklavt. Überall das gleiche Vorgehen. Großgriechenland, gleiche Sprache, unterschiedliche Dialekte, Wettstreit, Überwältigung.

Auffällig. Aus dem Westen kamen die meisten Philosophen, Gesetzgeber und Athleten, die bei den Spielen Siege errungen hatten. Ehrgeizig und neugierig. Es war richtig gewesen, hierher zu kommen, er fühlte sich bestätigt. Konnte von ihm lernen. Archytas war ganz anders als der Steinmetz, auch anders als die Priester in Ägypten, wo er gerade herkam. Und doch vermochte er etwas von beiden zu haben. Durchschaute es nicht, noch nicht. Die Stadtordnung schien ihm gut, er glaubte aber nicht daran, dass man sie auf einer Harmonie von Zahlen aufbauen sollte. Nein, deshalb war er nicht gekommen. Zahl ist nicht Macht, Zahl ist Wissen. Dabei konnten auch sie irren. Gingen nicht einmal in Bohnenfelder, weil sie dachten, es ginge Gefahr von ihnen aus. Der Bohnen wegen. Wussten aber keinen klaren Grund anzugeben. Bohnenfelder, er hatte den Kopf geschüttelt, wollte zunächst nicht glauben, was er hörte. Prüften sie, ob sie ihn in die Irre führen könnten? Nein, es war ernst gemeint. Ihm machten Bohnenfelder keine Angst, auch nicht die geistigen. Im Gegenteil. Er wollte dorthin, wo andere sich scheuten. Wagnisse müssen sein, man muss sie eingehen. Sich irren, neu beginnen. Erkenntnis war sein Schmerz und seine Lust. Bewunderte die Pythagoräer, doch gekochte Bohnen wollte er weiterhin essen. Stand nicht unter dem Eindruck, dass von ihnen Gefahr ausginge.

Was politische Ordnungen angeht, hatte er aus eigener Anschauung gelernt. In Athen wechselten sie oft die Führung, Siegen standen Niederlagen gegenüber, Unzufriedenheit und Verbannung die häufige Folge, hier nicht. Sie beherrschten das Festland gegenüber der großen Insel und hatten dauerhafte Beziehungen zu ihr, vornehmlich zu Syrakus. Waren einstmals als Siedler hierhergekommen wie jener Pythagoras, dem sie den Namen ihrer Gemeinschaft verdankten. Und nun bedeutend. Sparta hatte viele Gründungen in diesem Teil des Meeres, sie hatten sich entwickelt. Ihre Kleidung einfach, die Strenge groß. Seine Distanz zu Sparta hielt auch hier. Er blieb Athener, trotz allem. Das Mahl war karg, zu karg für ihn. Doch er wollte es verstehen, das mit den Zahlen, und schluckte es hinunter.

Nicht Landvermessung, um Steuern auszurechnen. Nicht Zählen, um Waren zu verwalten. Nicht Mengen abwägen, um Nahrung zu verteilen. Nicht Rauminhalte, nicht Maße, nicht Flächeninhalte, nicht Geometrie. Dreiecke, Trapeze, Würfel, soweit war es ihm vertraut. Er begriff es wie andere gebildete Athener und hoffte hier auf Neues. Geometrie, notwendig für das Bauen der Tempel und Paläste. Die Ägypter im Süden hatten sie, die Ionier an der Küste im Osten, die Perser und andere auch. Winkel, Linien, Kanten, Halbkreise, damit arbeiteten sie alle. Genauigkeit war wichtig, Fehler rächten sich. Falsche Mischungen, schlechte Farben. Falsche Winkel, Einsturzgefahr. Falsche Abstände, schlechte Wirkung. Damit kannten sie sich aus in seiner Stadt. Verglich mit ihr, wo immer er war.

Man konnte es sehen, der Parthenon hoch oben auf der Akropolis, ein Meisterwerk. Nach dem Sieg über die Perser errichtet. Die hohen Säulen aus Marmor, leicht gebogen. Kaum merklich, es machte sie leicht trotz ihrer Massigkeit. Gelungenes Maß. Zwei dreieckige Giebelfelder an Vorder- und Hinterseite wie immer, nur flacher, große Friesplatten an den Seitenwänden, oben unter dem Giebel und rundherum viereckige Flächen, zweiundneunzig an der Zahl, alles mit kunstvollen Figuren, die in bunten Szenen zusammentreten. Mythische Kämpfe an den Außengrenzen ihrer Kultur. Sie hatten jahrelang daran gearbeitet, geändert, verbessert, es wurde staunend bewundert, von der Ferne schon erkennbar. Gute Baumeister, gute Handwerker, gute Baupläne. Zirkel und Lineal. Er selbst wollte die Geometrie hochhalten, nicht nur die Baukunst, das dahinter Liegende, Ordnung nach bestimmten Grundformen und nicht zufällig. Beständige Regelhaftigkeit, verschiedene Ausführungen. Es beschäftigte ihn seit geraumer Zeit. Was war daraus zu entnehmen?

Harmonien 35

Alles Anwendung, aus Beobachtungen wurden Erfahrungen gemacht und ausgewertet, es galt zwar, aber es gab keine endgültigen Beweise. Und sie wussten längst noch nicht alles, noch nicht einmal über Bauten. Diese Pythagoräer konnten dagegen Eigenschaften aus Zahlen herleiten. Deshalb war er zu Archytas die lange Strecke über das Meer gekommen. Er suchte ihre Arithmetik, nicht Geometrie, die an vielen Stätten bekannt war. Harmonie der Zahlen, Dienst und Kult, eigenwillig alles. Es gab Geschichten über sie. Sie hatten andere Axiome, eine andere Sicht auf die Welt, Ungegenständliches untersucht. War nicht auch Gerechtigkeit ungegenständlich? Er verwarf den Gedanken, falsch an diesem Ort, war wegen anderem hier.

Sein freundlicher Gastgeber bestätigte zunächst, was er bereits wusste. Gerade und ungerade Zahlen. Ist eine durch zwei teilbar, ist sie gerade, ansonsten ungerade. Die Summe aus zwei ungeraden Zahlen ist immer gerade, die aus einer geraden und ungeraden Zahl ungerade. Das Produkt aus zwei Zahlen, von denen eine gerade ist, ist wiederum gerade. Zwei Arten demnach, regelhaft, eingängige Beispiele. Er folgte ihm, Zahlen haben bestimmte Eigenschaften, aber keine kam ihm in diesem Moment sonderlich erstaunlich vor. Morgen würde er ihm mehr davon erzählen, hörte er ihn sagen. Er schlief unruhig und war früh wach.

Ein quälend langer Morgen, blieb gespannt. Musste bis zum Mittag warten. Der Pythagoräer griff zu einem Stab und malte in den ockerfarbenen Boden. Markierte eine kleine Stelle. Ein Punkt, die von ihnen verehrte Zahl Eins. Er verharrte vor dem kleinen Hohlraum, als würde er ihn prüfen und ausmessen. Blieb lange reglos, schaute nur darauf. Sagte dann, von ihr sind alle anderen hergeleitet, deshalb müsse man vor der Eins verharren. Unmöglich schien ihm, wenn es doch gerade und ungerade Zahlen gibt. Zwei Typen, wie Pferde und Rinder. Er wollte ihn jedoch nicht unterbrechen und schwieg. Hergeleitet wiederholte Archytas, als hätte er sein Zweifeln vernommen. Er wusste, was die Fremden denken, die zu ihm kamen. Alle Zahlen sind bestimmt durch den Abstand zur Eins, ob gerade oder ungerade. Zählt man die Eins zu einer geraden hinzu, ergibt sich eine ungerade und umgekehrt, somit die Grundlage von allen Zahlen, aber selbst keine, vielmehr ihr Prinzip.

Bemühte sich um vergleichbare Beispiele. Buchstaben werden zu Wörtern. Ein Buchstabe kann in vielen Wörtern vorkommen, es bleibt dennoch der gleiche Buchstabe und ist niemals ein Wort. Ein Laut kann hoch oder tief, laut oder leise sein, es bleibt dennoch der gleiche Laut. Hinter allen Buchstaben steht der Grundsatz Buchstabe, hinter allen Geräuschen der Grundsatz Ton, hinter allem Ausgesprochenen der Grundsatz Laut. Hinter allen Zahlen steht die Eins. Es hängt zusammen, der Pythagoräer sprach leise. Weil er wollte, dass sich sein Zuhörer konzentrierte. Sich vorbeugen musste, er war bestrebt, einen gemächlichen Weg in sein Ohr zu finden. Wirken lassen. Die Stirn kräuselte sich, da er die Augenbrauen zusammenzog. Musste den Kopf etwas neigen, um ihn besser verstehen zu können. Hörte mit dem anderen Ohr das Zirpen der Zikaden, ohrenbetäubend beinahe. Versuchte, es zu unterdrücken. Das war es, was sie herausgefunden hatten. Kein großes Geheimnis, sondern ein vermittelbares Wissen, das für alle Zahlen gelte.

Bis hierhin konnte er einigermaßen bereitwillig folgen. Zwei Typen, feststellbar durch die Eins. Eine Vereinfachung. Kaum hatte er dem beigepflichtet, brachte Archytas die Zweiheit ins Spiel. Auch sie besonders, aber auf andere Weise. Hatte er richtig gehört? Ja, Zweiheit, der Anfang aller Beziehungen, nicht zwei. Gerade Zahlen sind unbegrenzt, ungerade begrenzt. Da war sie, die

Harmonien 37

Endlichkeit auf der einen und äußerst seltsame Unendlichkeit auf der anderen Seite. Zwei Typen, aber für ihn ergab sich daraus, dass es in beiden Abfolgen eine unendliche Reihe geben müsste. Er verstand es nicht, könne man nicht zu jeder beliebigen Zahl eine Eins hinzuzählen? Das schon, antworte der Pythagoräer, es gäbe jedoch nicht nur Zahlen, sondern auch deren Verhältnisse. Und begrenzt bedeute ja nicht endlich. Teile man eine gerade Zahl durch zwei, bliebe kein Rest. Bei einer ungeraden ginge das nicht, es bliebe immer ein Rest, ihre Grenze. Man könne es sogar sehen. Später erst. Zuvor noch etwas Wichtigeres.

Geometrie ist abgeleitet, alles geht von Zahlen aus und alle Zahlen von der Eins. Deutete mit dem Stab auf die Stelle. Ihr Grundelement, das in allen Dingen ist. Er stocherte einen zweiten Punkt in den Sand, wieder eine Eins, und verband ihn mit dem ersten. Eine Linie. Jetzt ging es schneller. Zwei Punkte genau darüber, alle reihum verbinden, ein flaches Quadrat. Vier weitere Punkte schräg nach hinten gesetzt, aus parallelen Quadraten erschien ein Würfel. Raumabbildung. Einfache Formen, wenig Zahlen. Auch das kam ihm nicht schwierig vor. Noch immer benötigte Archytas nur wenige Zahlen und trotzdem sollen sie die Elemente alles Seienden sein. Die Regeln ausdrücken. Alles ist Zahl hatte Pythagoras behauptet. Sie verehrten die Eins, bewunderten aber die Vier. Grundlage ihrer Tetraktys, der Vierheit. Und sprachen von einer heiligen Zehn.

Er hatte davon gehört, es war aber etwas anderes, einem Pythagoräer zuzuhören, der alles in knappen Worten zusammenbinden konnte. Punkt, Linie, Fläche, Tiefe, die Vierheit der Geometrie. Räume. Nur eine Herleitung aus Zahlen. Jetzt die Drei. Er zeichnete ein Dreieck in den Sand, gleichseitig, gleichwinklig. Allein aus Punkten bestehend. Zunächst die drei Eckpunkte etwas weiter auseinander, dann jeweils zwei Steine zwischen alle Eckpunkte und einen genau in die Mitte des Dreiecks. Gleiche Abstände, wie bei einer Pyramide dachte er, hatte sie gesehen in Ägypten. Nein, nur eine ihrer Seiten, eine Dreiecksfläche, so sieht man es von fern. Vollständig symmetrisch, überall der gleiche Winkel. Er zählte die Punkte mit, es waren genau zehn. Was hatte es dabei mit der Vier auf sich? Archytas lächelte, hatte darauf gewartet, sie stellten alle diese Frage. Und waren immer verdutzt, wenn er es auffächerte. Nicht heute, ließ seinen Gast ratlos zurück. War Tage nicht zu sehen. Zwang ihn zur Geduld. Es sollte in ihm arbeiten.

Sie trafen sich am Strand, das Kräuseln der Wellen zu sehen, das Meer rauchte merklich, leichter Wind zu spüren, die Sonne hoch oben. Er blickte hinauf, eine helle Eins? Blickte hinunter. Gerade oder ungerade Anzahl an Sandkörnern? Und hörte die Wellen, endloser Kreislauf aus Ebbe und Flut. Er dachte, sie würden gehen und er ihm erzählen. Wurde wieder überrascht. Dieses Mal nahm Archytas kleine Kieselsteine, nannte sie Zählsteine. Legte einen, er hob sich vom Sand ab, ein Punkt, wieder die Eins. Kurzes Verharren, es schien ihm nicht mehr so lang. Dann zwei darunter, ein sehr kleines Dreieck, gut zu erkennen. Nun drei weitere darunter, gleiche Abstände. Das gleiche Dreieck, nur größer. Zum Abschluss vier. Ein gewachsenes Dreieck, Geometrie. Nein Zahlen, meinte Archytas, er dürfe nur die Steine nehmen und müsse die Form beiseitelassen. Ein Sprung. Das wäre Arithmetik, die Lehre der Zahlen, Geometrie ergäbe sich daraus. Und führte ihm vor, dass man die Begrenztheit und Unbegrenztheit der Zahlen sehen könne, keine äußere, sondern eine innere Grenze, in den Zahlen selbst. Wenn man die Zwei in der Mitte teile, bliebe nichts übrig, er nahm den Stein links und rechts weg. Bei der Drei ginge die Teilung nicht, er entfernte den linken und den rechten Stein. Zeigte auf den übrig gebliebenen in der Mitte, die innere

Harmonien 39

Grenze. Deshalb begrenzt. Wieder die Eins. Lies ihn nachfragen. Blieb unermüdlich und wiederholte, bis er es zu begreifen glaubte. Arithmetik und Geometrie, Geschwister und Kinder der Eins.

Archytas lies wieder geraume Zeit verstreichen, Meister der Unterbrechung. Sie würden sich am späten Nachmittag des übernächsten Tages treffen, die gleiche Stelle, ging fort. Er schaute aufs Meer und dachte an die Überfahrt, die ihn zielstrebig von Ägypten hierhergebracht hatte. Wartete, was die Gedanken mit ihm machten. Blieb irritiert, lauschte auf das Meer, abwarten, wie auf hoher See, keine andere Möglichkeit. Erkenntnis verlangt Geduld. Er gewann den Eindruck, die Zeit verstrich hier langsamer als sonst. Zwang sich zur Zurückhaltung. Gültig im ganzen Kosmos, ein Prinzip. Deshalb wären die Zahlen die Elemente von allem, sagte Archytas. Zählt man die ersten vier Zahlen zusammen, ergibt sich zehn. Der Pythagoräer hatte wieder seinen Stab dabei. Schrieb jetzt wie die Milesier Buchstaben für Zahlen in den Sand. Alpha, Beta, Gamma und Delta. Sagte eins und zwei und drei und vier, alle zusammengezählt genau zehn. Nicht mehr, nicht weniger. Den Buchstaben Delta verwendeten sie nach alter Schreibweise für die Vier und die Zehn. Ihre zwei heiligen Zahlen in einem einzigen Buchstaben, der aussah wie ein Dreieck. Das also war die Tetraktys, von der er gehört hatte, dass sie alles Notwendige enthalten soll. Eine Viergruppe, die sie an Vielem wiederfanden. Zahl und Form in einem. Wie ein Knotenpunkt. Das Essen am Abend verlief schweigend, dem Pythagoräer war es recht. Jener spürte die Wirkung seiner Erläuterungen, er musste in Ruhe nachdenken. Kaute kaum, überlegte mehr. Fleisch vermisste er an diesem Tag nicht.

Wieso Element von allem, fragte er ein paar Tage später. Kein Zufall, meinte dieser. Natur und Zahlen, Sichtbarkeit und Unsichtbarkeit, sie gehören zusammen, doch

Zahlen regieren. Wiederholung führt zu Ewigkeit, Tetraktys. Man muss nur richtig zerlegen und kommt darüber auf die Lösung. Vier Himmelsrichtungen, er stimmte zu. Vier Sonnenläufe, vier Mondphasen, vier Jahreszeiten. Punkt, Linie, Dreieck, Quadrat, wieder vier, aus denen er beliebige symmetrische Figuren und Körper entstehen lassen konnte. Gerade und ungerade Zahlen, Vier und Drei. Und noch etwas Eigenartiges, sie hatten es an Tönen wiedergefunden. Schon Pythagoras hatte es entdeckt, Geräusche, die ein Hammer auf einem Amboss macht. Wenn sich zwei überlagern, klingt es in manchen Fällen harmonisch, in anderen jedoch nicht. Sie wüssten inzwischen warum. Und verschwand wieder für Tage. Quälend.

Zu seiner Überraschung brachte er eine Kithara mit. Nicht zu groß, vier Saiten. Feierlicher Anlass? Nein, vernehmbarer Kenntnisgewinn. Zahlenverhältnisse sind nicht nur zu denken und zu sehen, sie sind zu hören. Spielte es ihm vor, erklärte es. Nicht lediglich die Anzahl der Saiten, nein ihre Längen würden es ausmachen. Nur weil sie in einem ganz bestimmten Zahlenverhältnis zueinanderstehen, klingen sie harmonisch. Halbe Länge, genau der gleiche Ton, nur höher. Schlug die längste und die kürzeste Saite an. Die Eins und die Zwei. Gleichklang. Eine zwei Drittel so lange Saite setzt die Zwei und Drei ins Verhältnis, eine Dreiviertel Saite die Drei und die Vier. Zusammen klänge es nicht nur harmonisch, es sei harmonisch, weil auch das erkennbar eine Tetraktys wäre. Schlug die vier Saiten an, er hörte es. Wieder Gleichklang, allerdings voller. Alles hängt zusammen, die Zahlen, die Töne, die Natur, die Geometrie. Immer vier.

Sein Lehrer Philolaos hätte sogar gedacht, dass die Sterne eine ganz bestimmte Entfernung vom Zentrum des Kosmos besäßen. Sie seien auf eine besondere Weise harmonisch angeordnet und würden somit eine eigene Sphärenharmonie erzeugen. Und hatte behauptet, dass man

Harmonien 41

sie gelegentlich hören könne, auch er selbst. Schien ihm dann für geraume Zeit wie abwesend. Alles ist Zahl, das stimmte. Doch dorthin war ihm Archytas nicht mehr gefolgt, er hörte nichts. Weder am Tag noch in der Nacht. Konnte Sterne sehen, aber niemals hören. Beschrieb es jedoch nicht als falsch, sondern als eigenes Unvermögen. War eben nicht Pythagoras. Hielt es immerhin für möglich, eine Kosmoskithara. Denn auch in Arithmetik, Geometrie, Musik und Astronomie bestätigte sich die Vierheit.

Sein Gast wusste nicht, was er davon halten sollte. Die idealen geometrischen Körper mit ihren Symmetrien hatten es ihm mehr angetan. Geometrie war eine gelungene Vorübung in Philosophie, so hatte er es bisher gehalten. Jetzt nahm er an, Zahlen könnten eine Schulung in Philosophie sein. Er würde wiederkehren. Archytas freute es und empfahl ihm als nächste Station das reiche Syrakus, er könne vermitteln. Zwar viel zu große Verschwendung dort, doch eine mächtige Stadt, stärker noch als Athen. Deshalb hielt er gute Beziehungen. Wegen der Politik sei er nicht gekommen, beharrte er. Wollte dieses Fass geschlossen halten. Archytas nahm es hin, obwohl ihm der Einwand schwach vorkam. Kam wieder auf Zahlen und wollte ihn neugierig machen auf Weiteres. Es gäbe noch Vieles mit den Zahlen. Nicht nur gerade und ungerade, nicht nur deren Verhältnisse, die er ihm vorgeführt hatte. Nein, auch überteilige und unterteilige Zahlen existieren. Andere Verhältnisse, unbekanntes Land. Wie bei manchen Quadratwurzeln und Kubikwurzeln. Auch das könne man hören. Es gäbe ja nicht nur die viersaitige Kithara, nur sie unwandelbar harmonisch, sondern auch andere mit mehr Saiten. Andere Verhältnisse. Deren Wesen würde er erkunden. Das Gleiche in der Geometrie. Ihn verwunderte gar nichts mehr.

Er hätte herausgefunden, wie man das Volumen eines Würfels sicher verdoppeln kann. Es erscheint einfach, doch mit Lineal und Zirkel allein wäre es nicht möglich. Etliche hatten das versucht, immer wieder, waren alle gescheitert. Weil es gar nicht ginge. Er wäre deshalb einen ganz anderen Weg gegangen, würde Halbkreise, krumme Kurven und gekrümmte Oberflächen dazu benutzen. Und Drehungen. In Zahlen ausdrücken. Und so mit Bewegungen rechnen. Er hörte nicht mehr genau zu, versuchte aber, es nicht allzu deutlich zu zeigen. Wollte sich als überaus gelehrig erweisen. Die Gastfreundschaft auf diese Art wertschätzen. Sein Bemühen reichte nicht aus, sie verstanden sich wahrhaftig auf Zahlen. Die Einladung wollte er annehmen. Ein Pythagoräer würde er aber niemals werden. Er mochte Fleisch und die Opferfeste. Das noch mehr.

Für dieses Mal hatte er genug erfahren. Wollte es in aller Ruhe verarbeiten. Brauchte einen Ortswechsel. Verwarf den Wunsch nach vertrautem Boden. Schiffte sich dann doch noch auf die große nahe gelegene Insel im Südwesten ein. Wo er schon einmal in ihrer Nähe war, keine lange Überfahrt. Fragwürdige Begründung. Mit seinem neuen und alten Wissen im Gepäck. Könnte daraus etwas gebären. Gerechtigkeit, Seelen und Zahlen, es musste eine Verbindung geben. Eine bestimmte Ordnung. Seine eigene Richtung. Nicht zurück nach Athen. Nein, Syrakus, Archytas war dort geschätzt, warum nicht auch er? Möglicherweise ein nur leidlich beackertes Bohnenfeld, würde es wohl bald herausfinden. War guter Dinge.

Scheitern

Er konnte es noch immer nicht fassen. Das Schiff legte ab, und er war ein Gefangener. Kein fester Boden mehr unter den Füßen, alles schwankte. Versklavt und auf dem Weg nach Ägina, um dort verkauft zu werden. Auf dem Sklavenmarkt, ausgerechnet er, ausgerechnet dort, nahe bei Athen. In Ketten. Der sich doch immer geschickt verhalten hatte und nicht alles riskieren musste. Der sich mit Worten auskannte und sie klug einzusetzen wusste. Der überhaupt kein eigenes Amt anstrebte, nur ein Berater und guter Wegweiser sein wollte. Das Schiff bewegte sich unweigerlich vorwärts. Hin zu seiner vollständigen Demütigung. Er konnte die Wellen gegen den Bug schlagen hören, ansonsten blieb das Meer ruhig. Im Schiff eines Händlers, er neben anderen Waren. Es war stickig, sie waren zusammengepfercht. Gelegentlich hörte er ein Rascheln, das die Ratten verursachten. Sie balancierten auf den Holzbalken und huschten über den Boden, immer auf der Suche nach etwas zu fressen. Auch sie irgendwie

Gefangene auf diesem Schiff, aber nicht angekettet. Sie konnten sich frei bewegen. Er hatte Durst.

Nildelta, Taras, Syrakus. Wie würde es auf Ägina enden? Eigentlich hätte er es ahnen können, Syrakus, ehemals eine Gründung von Korinth, hatte sich im großen Krieg auf die Seite von Sparta geschlagen. Und er ein Philosoph aus Athen, der den Herrscher lehren wollte. Es konnte kaum gut gehen. Seine Freunde hatten die Lage falsch eingeschätzt, gewiss. Doch er am meisten, es lag an ihm. Natürlich war da ein Wagnis, es schien ihm aber gering. Sollte er die Gelegenheit nicht nutzen? Sinnierte in sich gekehrt vor sich hin. Wie die Ratte ihr Futter, so hatte er den Herrscher gesucht. Um es zu beweisen. Die Falle hatte er nicht gesehen, bis sie zuschnappte. Die jüngste Vergangenheit zog an seinen Augen vorbei, die verlockenden Versprechungen, die er begierig hören wollte. Der undurchschaubare Hof. Allerlei Günstlinge. Der Tyrann. Eine unabweisbare Möglichkeit. Sein Ansatz zu einer Staatstheorie. Anwendung in der Wirklichkeit. Vor allem dieser Dion. Sie hatten sich gleich verstanden und Freundschaft geschlossen. Die Umstände schienen günstig, er wurde ermuntert. Durch Dion fand er das direkte Ohr des Tyrannen. Begriff aber nicht schnell genug, dass es abgedichtet war wie die Ohren der Athener. Wohl hatte er ihm zunächst zugehört. Aber Tyrannen bleiben Tyrannen. Unbelehrbar, sie meinen alles zu kennen und zu beherrschen. Blind, weil sie die Macht in Händen haben und für dauerhaft halten. Er war gescheitert und jetzt auf diesem verfluchten Schiff.

Eindeutig, er hatte von Taras aus die völlig falsche Richtung genommen. War dort der Zahlen wegen gewesen, nicht anlässlich der Politik, wie er sich selbst und allen anderen gegenüber immer wieder versicherte. Warum am Ende doch noch umgeschwenkt? Sie hatten ihm dort ungemein viel beigebracht, konnte mehr als erwartet lernen.

Hatte sich deshalb erheblich länger auf dem Festland aufgehalten als zunächst abgeschätzt. Und war schließlich nicht zurückgereist, sondern doch übergesetzt auf die große Insel, die anfänglich überhaupt nicht sein Ziel gewesen war. Was hatte den Ausschlag gegeben? Er verstand sich selbst nicht. Wollte er es Archytas gleichtun und hoffte klammheimlich auf Einfluss? Wahrscheinlich. Hatte er eine praktische Bestätigung seiner Kenntnisse gesucht? Anscheinend. Sie hatten ihm Syrakus nahegelegt. Weil er erklärt hatte, dass ihm Politik neben den Zahlen so wichtig war, er es aber trennen würde. Zahlenwissen dürfe er dort nicht erwarten, hatten sie ihm mitgegeben. Deren Verfassung könnte er sich zumindest anschauen, erwog er schließlich. Dort angekommen war er tatsächlich beeindruckt. Er wusste schon vor der Abfahrt, dass Syrakus ein höchst erfolgreicher Staat war, der in ständiger Auseinandersetzung mit den Karthagern stand und sich hartnäckig behauptete. Fähigkeiten hatten sie nachweislich. Vielleicht könnte er seine andersartigen Kenntnisse einbringen. Ihre Ordnung dauerhaft abstützen, meinte zu wissen, wie. Und traf auf jemanden, der ihm wohlwollend zuhörte. Aber auch auf einen, der es überhaupt nicht tat.

Syrakus, die stärkste Macht und größte Stadt weit und breit. Eine Festung, wuchtiger als Athen, er sah es schon vom Schiff aus. Gedrungen. Tempel, bemüht darin, aber nicht so bedeutend. Nicht auf einem hohen Felsen von Ferne strahlend. Er bemerkte, wie ein Anflug von Überheblichkeit in ihm hochstieg. Gewaltiges Hafenbecken. Die Stadt mehr Einwohner, reichlich Luxus, eines der größten Theater, er war gespannt. Sie gewannen bei den Spielen in Olympia, schickten kostbare Weihgeschenke nach Delphi, ließen den berühmten Aischylos aus Attika Tragödien aufführen. Hatten ihm in der Nachbarstadt ein Denkmal errichtet, nachdem er dort gestorben war. Wurde hier nicht die Rhetorik erfunden, die Redekunst für Volksversammlungen und Gerichte? In Athen hatten sie das behauptet, immerhin soll das erste Lehrbuch von einem Sophisten in Syrakus verfasst worden sein. Ihre Stadt war so hochgestiegen, dass bereits der Fall drohte, war denkbar, weil es ja immer so kommen muss. Irgendwann. Vielleicht käme er gerade zum rechten Zeitpunkt.

Athen hatte den großen Sturz bereits hinter sich. Wurde von einer anderen Stadt an der nordwestlichen Spitze der Dreiecksinsel, wo er nun war, angestachelt und zu Hilfe gerufen. Kämpfte vor wenigen Jahrzehnten darum, Syrakus an der südöstlichen Küste zu erobern. War kläglich gescheitert. Eine Mondfinsternis hatte die Vernichtung der Athener Flotte eingeleitet, der Rest ereignete sich in den Folgetagen an Land. Wieder Dunkelheit. In Nachtkämpfen waren sie nicht geübt, zudem fremdes Gelände. Flotte und Heer am Ende vernichtend geschlagen. Im Nachhinein ein drastisches Vorzeichen der sich anschließenden Niederlage gegen Sparta. Verführung, Selbstüberschätzung, Ansehensverlust. In Athen hatte sich die Wut auf Politiker und Seher entladen, die dazu geraten hatten. Es war nichts gegen die Verzweiflung der gefangen Genommenen, die im heißen Steinbruch bei Syrakus Sklavenarbeit verrichten mussten, verhungerten und verdursteten. Hätte ihm das nicht Warnung sein können? Mussten sich Niederlage und Versklavung an ihm wiederholen?

Sie hatten einen Herrscher, der es wie andere Tyrannen als Volksredner gegen die Mächtigen und Reichen an die Spitze gebracht hatte. Ursprünglich von der Volksversammlung gewählt wurde. Danach Staatsstreich und Sturz der Verfassung. Es war ihm vertraut, stets der gleiche Ablauf. Hatte sich immer wieder bewahrheitet. Auch was danach kommen würde. Ein paar Dinge schienen hier anders, so hoffte er mehr, als er es hätte glauben sollen. Die Volksversammlung hatte er nämlich nicht aufgelöst, schwach zwar, doch bei wichtigen Entscheidungen holte

Scheitern 47

sich der Tyrann deren Zustimmung. Ein Anknüpfungspunkt, ausbaufähig, mehr nicht. Denn viel Einfluss hatten sie nicht, doch er könnte möglicherweise dafür sorgen, dass der Tyrann es ändern würde.

Wie alle holte er Dichter an seinen Hof, erwartete Loblieder zur Unterhaltung. Sein Ehrgeiz war groß, er dichtete sogar selbst. Das hätte ihn stutzig machen müssen, von Dichtern hielt er doch sonst nicht mehr viel. Er kannte diese Eitelkeit, schließlich war er ihr selbst aufgesessen, hatte sie inzwischen abgelegt. Unnahbar schien er nicht. Das war es gewesen. Und schätzte Archytas wie er selbst. Vielleicht könnte auch er ihn erreichen, wenn er es richtig anstellte. Der Wunsch nahm von ihm Besitz. Im Nachhinein war ihm klar, er hätte vorsichtiger sein müssen. Fehleinschätzung.

Hätte dem ersten Eindruck gehorchen sollen. Denn Syrakus machte überhaupt keinen Hehl daraus, wofür es errichtet war. Die Kernstadt war auf der Landzunge ins Meer hinaus zu einem bewehrten Rückzugsort mit Mauern und Türmen zum Festland hin ausgebaut. Stadt gegen Stadt, Gegner auf der Insel, es rief Ereignisse aus seiner Heimat wach. Als Herrschersitz eine befestigte Burg. Der höher gelegene Stadtteil ebenfalls durch eine Mauer gesichert und an der ins Landesinnere führenden Straße eine Festung, wie er noch keine gesehen hatte. Wuchtige Quadermauern aus hellem Kalkstein, unterirdische Gänge und Rampen zur Aufstellung von Katapulten, die sie verbessert hatten. Für ihn neuartige Wurfmaschinen und größere Schiffe im Hafen mit vier oder fünf Reihen von Ruderern statt der drei, die er kannte. Aus ganz Griechenland hatten sie dafür Fachleute geholt. Verlangte ihm Anerkennung ab.

Syrakus wollte nicht nur die große Insel beherrschen, sondern schielte hinüber aufs Festland, wo Taras lag, gründete Kolonien und schloss Bündnisse. Hatte Großes vor, zeigte es. Man konnte es überall spüren, keine

Zurückhaltung. Auf den Münzen ein Viergespann im Galopp, der Wagenlenker in Waffen. Eroberung, nicht nur Sieg bei den Spielen, kam ihm in den Sinn. Auf der Rückseite der Kopf von Arethusa mit Ohrschmuck und von Delphinen umgeben. Musste es sich erklären lassen. Eine Verbindung mit Griechenland, Nähe und Ferne zugleich. Er bekam mit, wie geschmeidig Mythen waren, wenn sie wanderten, und wie wendig die Syrakuser, wenn sie etwas beanspruchen. Hatten Demeter wegen der Getreidefelder und Ernten die gesamte Insel gegeben, aber Arethusa der Sicherheit zuliebe die eigene Stadt. Er hatte kaum von ihr gehört, sie war nur eine unbedeutende Quellnymphe des langen Flusses, der an Olympia vorbei seinen Weg in das Ionische Meer findet. Für die Syrakuser war sie stattdessen eine Lebensader. Vor den Nachstellungen eines Flussgottes fliehend soll sie von Artemis in eine Quelle verwandelt worden sein, die unter dem Meer die lange Strecke nach Westen hindurchfließt und in Syrakus plötzlich auftaucht. Eine Süßwasserquelle, nur wenige Meter vom Meer entfernt. Auf Münzen, weil sie den erfolgreichen Widerstand gegen Belagerungen absichert. Uneinnehmbar.

Sein Weg ging über Dion. Jung und talentiert. Schwiegersohn und Schwager des Tyrannen zugleich. Ungewöhnlich. Mit großem Einfluss. Guter Verstand, begriff schnell, bewandert im Gespräch. Ratgeber des Tyrannen und er Ratgeber des Ratgebers. Er hatte ihn durch seine Ausführungen zuerst verblüfft, schrittweise überzeugen können und schließlich zu einem Anhänger seiner eigenen Philosophie gemacht. Mit seinen eigenen politischen Anschauungen beeindruckt. Es war nicht schwierig gewesen, kostete wenig Zeit. So nah war er der Macht bisher nicht gekommen. Verlockend, er musste zupacken. Dion verstand ihn. Er hatte ihm vom Kreislauf der Verfassungen erzählt. Seinem Kreislauf, denn er hatte ihn entdeckt. Wischte alle innerlichen Vorbehalte weg, ob es tatsächlich ein echter

Kreislauf wäre. Denn ausgerechnet Peisistratos, der die Athener Feste groß gemacht hatte, war bis zu seinem späten Tod Tyrann von Athen geblieben. Kein Wechsel. Äußerte seine verborgenen Zweifel nicht, die Gelegenheit schien zu günstig. Es ging nicht um die einzelnen Formen, die waren hinlänglich bekannt. Nein, um den zwangsläufigen Kreislauf und eine bestimmte Möglichkeit ihn zu unterbrechen und sogar aufzuhalten.

Ohne Gegenmaßnahmen schlägt Demokratie früher oder später zwangsläufig in Tyrannis um, denn die Masse ist verführbar. Syrakus war wie die anderen Städte. Da ein geschickter Demagoge Stimmungen aufgreifen und für sich nutzen kann, würde sich immer einer finden. Gängig und vielfach belegt. War es nicht auch hier so gewesen? Doch die Tyrannis wird unweigerlich kippen, wenn sich unzufriedene Aristokraten zusammentun und ihn stürzen. Warten nur darauf. Es ist früher oder später immer so gekommen, nur eine Frage der Zeit. Es gäbe allerdings ein Gegenmittel, das er entdeckt und herausgearbeitet hätte. Er brauchte lediglich ein offenes Ohr auf der Seite der Macht, es würde mit Sicherheit wirken. Dion hörte ihm aufmerksam zu.

Unzufriedenheit war der Schlüssel, Habgier die Ursache. Kein noch so großer Luxus könne sie zähmen. Sie wollten immer mehr davon. Und verglichen sich insgeheim mit dem Herrscher, sahen sich in Gedanken selbst an seiner Stelle. Aristokraten streiten, das ist ihr Wesen, es lässt sich niemals ändern. Kein Tyrann könne sie dauerhaft befrieden. Deshalb würden sich allmählich diejenigen gegen die anderen durchsetzen, die am meisten besitzen. Weil alles nur auf Besitz aus wäre. Vermögen und Macht sind verschwistert, das eine nutzt man, um an das andere zu gelangen. Söldner anwerben, stärker werden. Allianzen schmieden, Gegner verbannen oder töten, so lief es. Die Gier treibt alles voran. So bleiben schließlich immer weniger übrig, sie schauen nur noch auf ihren Eigennutz und die weitere Vermehrung ihres Reichtums. Der Staat ist ihnen einerlei, der Zusammenhalt zerbricht. Das ist ihr Schwachpunkt, der Staat, den sie lediglich plündern wollen. Was auch Tyrannen tun, wenn sie nicht zum Richtigen angeleitet werden. Sie müssen ihr eigenes Volk fürchten und werden ohnmächtig gegen äußere Feinde. Denn wenn sie den Armen Waffen geben, um gegen die Feinde zu kämpfen, wären sie niemals sicher, von einem Aufstand weggespült zu werden. Innere Feinde, Unzufriedene, Viele, weil der Staat für sie ein Fremdkörper sei. So wäre es immer gekommen. Das drohe dem Tyrannen, weggefegt von Aristokraten, Tyrannenmördern. Athen und andere hätten es erlebt. Er kannte viele Beispiele, das war sein Vorsprung, den er in einen Vorteil umwandelte.

Dion hatte es verstanden. Der Tyrann nicht. Er wollte ihm die einzige Waffe liefern, die den Kreislauf aufhalten konnte. Das Ergebnis seiner Beobachtungen. Etwas, das nur er bieten konnte. Als Berater des klugen Herrschers. Eine Unterweisung in Gerechtigkeit. Denn Gerechtigkeit verhindert den Umbruch. Sie sorgt dafür, dass der Staat für den Tyrannen kein Fremdkörper ist, kein Gegenstand der bloßen Bereicherung, keine Aristokraten und Bürger, vor denen man sich irgendwann fürchten muss. Auch wenn es ihnen nicht deutlich wäre, alle würden sich nach Gerechtigkeit sehnen. Deshalb müsste er mit allen Mitteln für Gerechtigkeit sorgen, aber erst einmal deren Wesen verstehen lernen. Denn sie wäre eine Idee, die nach Maßgabe der Umstände unterschiedlich verwirklicht würde. Keineswegs jedoch das Recht des Stärkeren, was die meisten dächten, weil es vertraut ist. Wer sich darauf berufe, müsse erwarten, dass er durch die Stärke anderer vernichtet wird. Gesetze wären größer als Stärke. Deshalb müsse er die Gesetze achten, nicht zu seinen Gunsten ändern oder auslegen. Das wäre das Schwierigste. Herausfinden,

Scheitern 51

was jeweils gerecht ist. Erkenntnis der Idee und geeignete Umsetzung. Philosophen würden unersetzbare Hilfe leisten. Dion und er an seiner Seite.

Eine geordnete Harmonie, das war sein Gegenmittel, eines, das den vollständigen Kreislauf mitdachte. Zukunft in die Gegenwart holte, ohne auf Orakel vertrauen zu müssen. Zudem eines, das es für ihn hier einfacher machte. Er hatte sich damit auseinandergesetzt, dass der Kreislauf an jeder Stelle unterbrechbar war. Aber mit welchem Aufwand? Er konnte nicht alle Aristokraten, die untereinander stritten, zugleich beraten. Auch nicht abschätzen, wer sich durchsetzen würde. Nein, ein Herrscher hat die Macht bereits, nur einer, um ihm zu raten, was zu tun ist. Das Schiff braucht einen Steuermann, nicht viele. Und der nur eine Sonne, die ihm beim Steuern hilft. Gerechtigkeit wird sie beruhigen, es ist wie unendlicher Reichtum, nur haben alle etwas davon. Oder glauben es zumindest.

Es schien ihm so logisch. Vielleicht war das der Fehler. Bei einem, der dichten zu können meinte, das hätte ihm Hinweis genug sein müssen. Er fühlte sich zu sicher, der Tyrann blickte auf ihn herab und lachte ihn aus. Hatte sich verschätzt. Warum konnte er nicht lockerlassen? Wieso noch ein Erklärungsversuch und dann noch einer? Beharrlich wie Archytas, doch auf ganz anderem Gebiet. Musste er ihn reizen? Vielleicht, weil Dion dabei war und ihn ermuntert hatte. Dion war schnell im Kopf, der Tyrann nicht, und er in diesem Moment auch nicht. Deshalb war er jetzt auf dem Schiff nach Ägina. Gescheitert, aber nicht gebrochen. Sein Verstand würde ihm schon helfen, irgendwie. Und die Freundschaft zu Dion. Und seine vielen Beziehungen. Nein, wie könnte ihm das jetzt nutzen? Er war verloren. Vielleicht würde er nicht einmal die Fahrt überleben. Das Grübeln brachte nichts, seine Gedanken schaukelten mit den Wellen. Der Fehler war keiner, es waren die Umstände, so wollte er es von sich fernhalten.

Wollte künftig genauer beobachten und die richtigen Schlüsse ziehen. An der Wahrheit würde es nichts ändern, nur am Vorgehen. Wenn er denn überhaupt noch eine Zukunft hätte. Er bereute seinen Irrtum und schwankte wie das Schiff.

Im Rückblick konnte er sich zugutehalten, dass genau das seinem Leben eine entscheidende Richtung gegeben hatte. Er war auch danach noch nach Syrakus gekommen, doch am Ende immer erfolglos. Kein Berater von Herrschern. Kein Navigator in schwieriger See. Alles mit mehr Bedacht. Versuche, das ja, immer gescheitert, das auch, doch vorsichtiger. Aus der ersten Erfahrung hatte er gelernt. Nicht zu weit gehen, es endet mit Tod oder Schiff. Einfluss abwägen, das Naheliegende beachten, rechtzeitiger Rückzug. Die Akademie war ihm längst wichtiger geworden. Andere Themen, nicht nur Politik. Er hatte Glück gehabt, freigekauft von den Freunden. Nach der Ankunft in Ägina eingefädelt. Die Beziehungen hatten doch genützt, er konnte sich darauf verlassen. Dion wollte den Kaufpreis später sogar ersetzen, er fühlte sich verantwortlich. Sie hatten es nicht angenommen, zu stolz und ihm verbunden. Da kam er auf den Einfall, einen Hain davon zu erwerben und seine Schule darauf zu bauen. Und nordöstlich davon, auf einem Reiterhügel, ein Gartengrundstück mit einem kleinen Haus. Blick auf die Akademie, durch einen längeren Spazierweg verbunden. Es stimmte so für ihn und Dion, ein nachträglicher Erfolg und keineswegs eine vergebliche Reise nach Syrakus. Den Tyrannen konnte er nicht unterrichten, seine eigenen Schüler aber schon. Hatte nur getauscht. Vielleicht würde einer von ihnen zum Ziel gelangen. Das Wissen muss sich behaupten und bewahrt werden. Der Gedanke allein war ihm schon eine Genugtuung.

Auch Frauen hatte er zugelassen, nur seine Akademie hatte Schülerinnen. Wieder eine Spitze gegen seine Stadt,

Scheitern 53

Athen. War nicht Athene die Göttin der Weisheit? Die weibliche Gottheit mit der großäugigen Eule? Ihre Münzen bezeugten es, vorne der Kopf von Athene, auf der Rückseite ihre Eule. Der Tyrann war längst tot. Ein anderer folgte. Der Einfluss von Dion schwand, er musste ins Exil, kam nach Griechenland und wurde schließlich Mitglied seiner Akademie. Studierte bei ihm Philosophie, auch das ein Erfolg. Die lebenslange Freundschaft hielt und erzeugte etwas. Dion wurde der engste Freund von Speusippos, dem Sohn seiner Schwester. War immer noch überaus vermögend und wollte schließlich unbedingt wieder zurück nach Syrakus. Staatslenker werden, die Aussicht darauf verlockte. Er selbst war unentschieden, Speusippos dagegen nicht. Einerseits eine Möglichkeit, andererseits die Gefahr. Sein Freund und Schüler an der Spitze von Syrakus, es schien wieder einmal greifbar. Doch er war vorsichtig geworden, hatte gelernt, war nichts mehr für ihn. Speusippos redete auf ihn ein und unterstützte die Sache, warb in der Akademie, Dion könnte den Idealstaat schaffen. Er wollte sich heraushalten. Durfte sich selbst recht geben, denn Dion kam zwar tatsächlich an die Macht, war aber in Kürze gescheitert, am Misstrauen in Syrakus, und mehr noch an sich selbst. Zu selbstsicher. Zu blind. Zu ehrgeizig. Sie hatten ihn getötet und es Tyrannenmord genannt. Er musste ein Epitaph schreiben. Für ihn, den gescheiterten Freund. Verse, er konnte das noch immer, es fiel ihm leicht. Götter anrufen, Leistungen hervorheben, Schicksal beklagen, auch das ein Kreislauf.

Das andere war schwieriger, es nagte in ihm. Er würde versuchen, es in einem Brief an die Syrakuser zurechtzurücken. Die richtigen Worte finden, nicht nur ein paar Zeilen. Er konnte das gut, war mittlerweile eine Autorität. Die Akademie hatte dafür gesorgt, seine Dialoge waren anerkannt. Der Mörder kam aus Athen, unbestreitbar. Und aus seinem Umfeld, auch das war nicht zu leugnen.

Seiner Akademie sogar, das könnte man abschwächen, viele kamen zur Akademie, viele gingen wieder. Lockere Bindungen nur. Der Mörder war jedoch mit Dion befreundet, ein Vertrauter, das wiegte. Zwei aus seiner Akademie. Nein, es durfte keine echte Freundschaft gewesen sein, schon gar keine philosophische. Und die Akademie durfte nicht mitverantwortlich gemacht werden. Das war jetzt das Wichtigste. Der Vorwurf stand im Raum, konnte sich dem nicht entziehen. Doch alles geschah weit weg im fernen Syrakus, nicht in Athen, seiner Stadt. Es war überhaupt kein philosophisches Wissen dabei, kein denkbarer Schluss aus seinen Lehren. Kein Ergebnis seiner Bildungsbemühungen. Sondern von falschen Entscheidungen, die Mächtige treffen und solche, die Macht ausüben wollen. Ein Tugendmangel, von Umständen befördert. Philosophen begehen keine Bluttat. Sie beklagen deren Auswirkungen und beharren auf guten Gesetzen und Verfassungen.

Es schien ihm einigermaßen gelungen. Der Brief war fertig und lang. Kein Dialog, vielmehr eine Rede vor Gericht. Doch es blieb wie dort ein Zweifel, der Kreis schloss sich nicht ganz. Er war unterbrochen, er ahnte es, und sah die Schwachstelle. Was, wenn der Mörder sich nicht zum Tyrannen aufschwingt, sondern die Willkürherrschaft bekämpft und beendet? Keine Machtgier entfaltet, sondern ein gutes Staatswesen zu verwirklichen sucht? Am Ende womöglich der besser Geeignete war? Das hatte mit ihm zu tun. Er war beinahe darüber hinweg gegangen, ihm fiel aber nichts Besseres ein. Befand sich einer Notlage. Freundschaft zählte, er hatte sich immer auf Dion verlassen können. Hatte ihn gerettet. Musste jetzt das Gleiche tun. Kehrseite. Darüber hatte er lange nachgedacht. Schon wieder das Schwanken, wie auf dem Schiff, vor sehr langer Zeit. Nein, er musste standfest bleiben, gewann wieder Boden unter den Füßen, weil er es so wollte. Er, der Leiter der Akademie. Würde den Brief in Umlauf bringen. Sollten die Zweifel ihn doch in tiefer Dunkelheit heimholen. Was sie zuletzt häufiger taten. Er war darauf gefasst. Und leicht müde. Er wusste, es blieb ihm nicht mehr unendlich viel Zeit.

Jenseits

Vier Hengste, sie ziehen den Wagen. Zwei Räder, vier Speichen. Die Zügel in der rechten Hand locker, die linke gespannt. Werden langsamer. Direkt dahinter eine Reiterin auf einem Pferd. Sie braucht keine Zügel, hält sich mit einer Hand am Hals der Stute. Verschleiertes Hinterhaupt, wie eine Athenerin. Pferd und Reiterin folgen dem Wagen und jagen dessen Lenker. Treiben ihn vor sich her. Weiße Figuren auf schwarzem Hintergrund, feine Konturenstriche. So stand sie vor ihm. Schaute sie an. Eine Vase. Für Kultisches und Alltägliches geeignet. Bebildert. Er nutzte sie ausschließlich für Wasser, wenn er schrieb. Links schob sich der Sonnengott Helios mit seinem Wagen aus der Umrandung, zwei Pferdefüße bereits angeschnitten, rechts hinter ihm folgte die reitende Mondgöttin Selene. Abend, die Sonne verschwindet hinter dem Horizont, der Mond steigt auf.

In einem kurzen Moment sind manchmal beide zu sehen, am Meer, er hatte es dort erlebt. Manche gingen genau deshalb dorthin. An bestimmten Tagen, zu bestimmten Jahreszeiten. Fahles Licht, bevor es allmählich dunkler wird, kaum noch Schatten. Gedehnte Zeit. Der Tempel auf der Spitze der vorgeschobenen Landzunge hoch oben rotglühend, als wollte er das letzte Licht aufsaugen. Gegenüber die Inseln, schon dunkel, wirken deshalb weiter weg. Gedehnter Raum. War es vorbei, verließen alle den Ort und kehrten nach Athen zurück. Erinnerten sich an die Stimmung und kamen wieder. War nicht alles so?

Es gab viele Abbildungen auf vielen Gefäßen, diese gefiel ihm am besten. Nicht die, auf denen die Pferde des Helios Flügel haben wie geflügelte Wächter in Persien. Nicht die, bei denen ein Strahlenkranz den Sonnengott umgibt wie in Ionien. Und nicht die, bei denen Selene eine Mondsichel über ihrem Haupt trägt. Die einfachen Sinnbilder hatten es ihm angetan. Er schlenderte gelegentlich über den Markt, wo Händler Gefäße feilboten. Schaute sich die dargestellten Ereignisse an, ließ sich Zeit, verglich. Um mehr ging es nicht. Manche waren beschriftet, Namen über den Figuren, die verdeutlichen sollten, was abgebildet war. Mythische Szenen, gebannt auf die Oberfläche tönerner Gefäße. Die farbigen Skulpturen an Tempeln und in der Stadt hatten Tiefenschärfe, wirkten lebendig und überwältigend, hier war alles flach und zweifarbig. Bilder, die sich bemühten, eine bekannte Geschichte zu erzählen, in einen einzigen Moment gedrängt. Einige Töpfer und Maler waren bekannt, vertrauter Stil, das meiste kam jedoch aus allen möglichen Städten, Siedlungen, Kolonien und Ländern rund um das Meer. Die gleiche Zusammenstellung am Ostgiebel des Parthenon, der Seite, die er deshalb besonders mochte. Links angeschnitten vier Pferdeköpfe und das Haupt des Helios aufsteigend, daneben Dionysos, eine Verbindung, Sonne und Rauschfest, in Kunst vereint. Im gegenüberliegenden Giebelwinkel ebenso angeschnitten vier Pferde und Selene, absteigend. Symmetrisch. Tagesanbruch.

Die schlichte Darstellung schätzte er. Einfache Bilder, Mond und Morgenröte, die Geschwister der Sonne, die als einzige Leben spendet. Immer im Kreislauf, keine Abweichung möglich. Nur das Licht ändert sich. Mit ihm die Anzahl der Stunden, in denen die Sonne herrscht. Und ihre Kraft, die blühen lässt oder alles versengt, wenn es zu trocken bleibt. Wasser, das Element, das dem Feuer widerstehen kann. Er trank einen Schluck, dann noch einen. Der Morgenröte konnte er wenig abgewinnen. Eos, fehlten ihr nicht umsonst zwei Buchstaben in der Mitte zum Namen des Sonnengottes sowie ein Hauch über dem ersten? Der blinde Dichter hatte sie Früherwachende genannt, war Mutter der vier Winde, ging dem Helios voraus, bahnte seinen Weg. Vermutlich gaben ihr die Vasenmaler deshalb fast immer Flügel mit, auch den beiden Pferden ihres kleineren Wagens. Nicht aber auf seiner Vase. Ungemischt. Wie das Wasser, das er ohne Weinzugabe trank. Eos kam dort nicht vor. War immer auf der Jagd nach jungen sterblichen Männern, die im Gegensatz zur Göttin der Morgenröte altern. Der Fluch, den Aphrodite ihr mitgegeben hatte. Weil sie mit dem Kriegsgott angebändelt hatte, ihrem Geliebten. Der Abend zog herauf. Zeit der Papyrosrollen. Nacht, seine Zeit.

Er war nach Athen zurückgekehrt, hatte vor wenigen Jahren die Akademie gegründet und Schüler. Die meisten Dialoge lagen noch vor ihm, einige wenige waren fertig. Wurden an dieser Stätte erprobt und überarbeitet. Er vertraute nicht nur in der Anfangszeit auf Eingebungen aus den Vasenbildern. Benutzte Anschauliches, das seine Vorstellungen bebildern konnte. Damit es eingängig würde. Anschlussfähig an bestehende Mythen, die er frei erweiterte oder sich ausdachte. Unbefangen. Anregungen. Machten nicht die Vasenmaler das Gleiche? Viele

Deutungen einer Geschichte, die sich dadurch wandelt. Im Großen Griechenland kannten sie die gleichen Erzählungen, mischten sie mit anderen, passten sie der eigenen Landschaft an, bezogen sie auf ihre Stadt. Götter wandern wie Erzählungen, bemalte Gefäße als Behältnisse, die davon zeugen. Sie hatten es mit der Akropolis genauso gemacht. Die Göttin der Weisheit für ihre Stadt beansprucht.

Konnte er mit Geschichten nicht Ähnliches veranstalten? Mythen erdichten, indem er Gehörtes und Gesehenes übereinanderlegte? Er saugte auf, was ihn erreichte, und verwendete, was er zurechtstutzen konnte. Ein paar Änderungen, dass sie als ausdrucksvolle Beispiele taugten. Die Gerechten kamen auf die Inseln der Seligen, Elysion, die Ungerechten in den Tartaros. Die von Körpern verhüllten Seelen sind aber kaum richtig zu beurteilen, deshalb müssen sie körperlos vor ihre Richter treten. Das hatte er den Steinmetz erzählen lassen. Und an anderer Stelle, dass jener darauf hoffe, im Totenreich gerecht behandelt zu werden. Nicht so wie unter den Lebenden seiner Stadt hatte er gemeint, aber nicht wahrnehmbar geäußert. Über einen Mythos berichten, um dem Dialog eine Wendung zu geben. Nein, keine Wendung, einen Mittelpunkt. Auch keinen Mittelpunkt, sondern einen von mehreren. Wie eine Skulptur oder ein Bild nicht allein für sich allein steht, immer Bezüge, Abwandlung, Umgestaltung, Überarbeitung. Das würde eine Leichtigkeit in die Schwere seiner Themen bringen. Sie waren für Mythen noch immer empfänglich, es schien ihm findig, sie für seine Einsichten zu beanspruchen. Stand erst am Beginn. Ausprobieren, Erfahrenes anwenden. Aus Ägypten und Taras, von dorther das meiste. Starke Eindrücke, wirkten nach, entfalteten ihre Gültigkeit unter seinem Pinsel. Drängten ihn. Er war sich sicher, würde noch viele Jahre schreiben. Dafür brauchte er Nächte, wie jetzt gerade.

Totengericht, Wägen, Urteilen, aus Ägypten mitgenommen. Die Seele, Sitz des Verstandes auf der einen Seite, eine Feder, Symbol der Wahrheit, auf der anderen. Nur wenn die Waagschalen sich auf gleicher Höhe einpendelten, durften Verstorbene im Jenseits weiterleben, alle anderen verfielen dem Tod. Endgültig. Er machte es passend für seine Zwecke. Ließ den Steinmetz mit einem Thessalier diskutieren. Tugend, nicht eine bestimmte, sondern das Prinzip. Was ist angeboren, was möglich durch Übung zu erlernen? Woher kommt, was angeboren ist? Die Grundzüge hatte er versuchsweise bereits vorgetragen, seine durch Mythen angereicherte Sicht. Sollte dadurch bekömmlich werden. Die meisten seiner Schüler konnten nicht viel damit anfangen, hatten ihre Einwände vorgebracht.

Sie fanden darin den Mysterienkult der Orphiker, die daran glaubten, dass die Seelen nach dem Tod des Körpers weiterleben. Wirre Leute in ihren Augen, ebenso ihre Lehren. Asketische Vorschriften, hauptsächlich, um Seelenwanderung zu ermöglichen. Sie waren ihm bei den Pythagoräern wieder begegnet, die nicht zwischen menschlichen und tierischen Seelen unterscheiden. Auch dort Genügsamkeit. Wandernde Seelen im fernen Süden, in Ägypten, im nahen Norden, in Thrakien, und im Westen, am Ionischen Meer, für Athener Ohren befremdlich. Auch für seine. Deshalb hatte er es gemischt und anschließend das Verbindende herausgeholt, das ihm wertvoll vorkam. Nur das Silber gewonnen, wie in einem Bergwerk.

Er lernte aus den Auseinandersetzungen, grenzte sich besser ab. Genügsamkeit war ihm nicht gegeben, er strebte Tugend an, Disziplin, aber keineswegs Enthaltsamkeit. Das hatte er entgegnet. Würde nicht für alles gesorgt in der Akademie? Und betont, dass es ihm nicht in erster Linie um die Wanderung der Seelen ginge, sondern um das Gericht für die begangenen Taten. Verantwortung für das tatsächlich Tun, nicht für das, was andere unterstellen. In Ägypten hatten sie dazu brauchbare Mythen. Mit Orphikern hätte er nichts zu tun. Das gingen sie mit, bis zur Seelenwanderung waren sie ihm aber nicht gefolgt. Wozu Wiedergeburt? Was brachte ein Todesurteil, wenn die Seele wiederkäme? So lästig wie Orphiker und ihre kultischen Reinigungsgebote.

Also musste er es anders beschreiben, zwingender. Und am Ende die Schlussfolgerung womöglich offener lassen. Nur als eine Möglichkeit in den Raum stellen, keine Sicherheit dabei. Angeborenes entfalten, das, was bereits da war. Dem hatten nicht alle widersprochen, immerhin. Wiedererinnerung nahelegen, mehr nicht. Für ihn war es eine Gewissheit, woher käme sonst das unmittelbare Wissen? Dieses Ahnen, das bereits da ist. Unter richtiger Anleitung könnte man es hervorlocken. Hatte es ihm nicht der Pythagoräer gezeigt? Wissen könne man nicht willkürlich erzeugen, sondern lediglich zum Vorschein bringen, was schon eingepflanzt ist. Sein Dialog war seit Tagen festgefahren. Er verstieg sich. Brauchte eine vertretbare Lösung, die sie nicht sofort verwerfen würden. Suchte. Sie musste da sein.

Er dachte sich einen ungeschulten Sklaven aus, dem geometrische Sachverhalte fremd sein mussten. Einen Namenlosen. Und doch der Wichtigste in diesem Dialog. Oder sollte er ihn besser benennen? Nein, er stand für alle, die wissen könnten, weil sie bereits welches in sich tragen, aber ungeschult sind. Die Bezeichnung Sklave sollte für ihn reichen. Sein Silber aus dem Bergwerk, das er schürfte. Ein Stellvertreter. Fügte ihn ein. Ließ ihn langsam nachvollziehen, was gezeigt wurde, und es allmählich ausführen. Ja, nein, offenbar, notwendig, allerdings, doch, nicht doch, gewiss, richtig. Worte aus seinem Mund, nicht viele, und trotzdem eine klare Bestätigung. Vorform von Erkenntnis. Nachweis der Aufgabe richtiger Schulung. Allein durch Befragung. Nicht einfach Belehrung, nein, Herausholen der Erinnerung. Daran glaubte er und wollte es offenkundig machen. Entsann sich an Taras, daran, wie es ihm selbst ergangen war. Sah es wieder vor sich. Gezeichnete Punkte, verbunden, geometrische Figuren. Auch er hatte nur verstanden, wozu er in der Lage war zu verstehen, brachte Halbwissen mit, der Pythagoräer war letztendlich sein Geburtshelfer gewesen. Wissen, nicht erahnen. Wo er nicht folgen konnte, folgte er auch nicht. Lehren ist begrenzt, nur ein Anstoßen, den Weg des Denkens muss jeder selbst gehen und finden, was in ihm ist. Seelenkunde. Das hatte sich eingebrannt wie die Sache mit den Zahlen. Sich auf Erinnerungsreise begeben. Er nahm den Pinsel und setzte wieder an. Zahlen, ein offensichtlicher Ausweg.

Der Steinmetz beschrieb dem Sklaven die Aufgabe. Gesucht ist ein Quadrat, das genau die doppelte Fläche eines vorgegebenen Quadrats mit der Seitenlänge von zwei Fuß hat. Ließ ihn zunächst das Naheliegende antworten. Doppelte Seitenlänge, vier Fuß. Er wusste, dass viele den gleichen Fehler machten. Falsche Fährte. Das war Zusammenzählen, aber nicht Geometrie. Leser des Dialogs müssten dem leicht folgen können, dachte er. Brachte ihn durch überlegtes Nachfragen zur Einsicht, dass die Verdoppelung der Seitenlänge zwangsläufig zu einer Vervierfachung der Fläche führt. Lies den Sklaven dies bestätigen, Leser würden dem bedenkenlos zustimmen. Die Lösung musste daher länger als zwei Fuß, aber kürzer als vier Fuß sein. Irgendwo dazwischen liegen. Leider auch der nächste Versuch vergeblich. Der Mittelwert führt nicht zum Erfolg, drei Fuß ergibt eine Fläche von neun Fuß und nicht acht Fuß wie im doppelten Quadrat vorgegeben. Er hatte seine Freude. Nahm in Gedanken wie Archytas einen Stab, zeichnete in den Boden. Die Lösung wäre anschaulich, allein herbeigeführt durch Formen, die Zahlen darstellen. Rechnen, nicht zählen. Darstellen, es sehen.

Ließ den Steinmetz ein großes Quadrat auf den Boden zeichnen, vier Fuß in der Länge und vier Fuß auf der Seite. In dieses hinein vier gleich große Quadrate mit einer Seitenlänge von jeweils zwei Fuß. Eine Vierheit, aber das spielte jetzt keine Rolle. Strich die Bemerkung durch. Falsche Anspielung, Ablenkung, er suchte in dieser Nacht den direkten Weg. Jedes der vier kleinen Quadrate im Inneren des großen stellt die geometrische Form der Aufgabe dar. Wiederholt sie. Auf dem Boden die unmittelbare Bebilderung der ersten falschen Antwort, vier Fuß auf jeder Seite des großen Quadrats, eine Fläche von sechzehn Fuß. Im Inneren vier Quadrate mit je zwei Fuß. Die Lösung lag direkt vor ihm. Musste den Sklaven nur noch dahin führen, dass es über die Diagonale des kleinen Quadrats ginge. Diagonale, der Begriff musste einem ungebildeten Sklaven fremd sein, natürlich, ließ ihn das antworten. Doch der gezeigten Lösung sollte er zustimmen. Weil sie schon da war, bevor er zu zeichnen begonnen hatte. Sogar in ihm. Nur noch nicht sichtbar. Länger als zwei, doch kürzer als drei. Die genaue Zahl spielte keine Rolle, nur der richtige Weg. Geometrische Auflösung einer Zahlenaufgabe.

Zwischenschritte gehen, er brauchte sie beim Dialogschreiben. Frage, Antwort, Frage, Antwort. Eine einzige Diagonale in das kleine Quadrat einzeichnen, viel mehr war nicht erforderlich. Das Tor war offen, der Rest erschließt sich von selbst, er kannte sich damit aus. So war es in Taras gewesen. Halbiert man das kleine Quadrat durch eine Diagonale, sieht man zwei gleiche Dreiecke. Wenn man sie an der kürzeren Seite zusammenklappt, ergibt sich zwangsläufig ein großes Dreieck, erzeugt aus dem ursprünglichen Quadrat. Abwandlung. Leicht. Nun nur noch das große Dreieck verdoppeln, und schon erscheint das gewünschte Viereck. Mit der Grundlinie der Diagonalen des kleinen. Der Schlüssel. Eine Zahl zwischen zwei und drei. Zahlen und Geometrie, er hatte es hier abgeklärt angewendet. Bei einem darin völlig unerfahrenen Sklaven. Verborgenes Wissen, Anregung, Wiedererinnerung. Trotzdem fühlte er, dass es erschlichen war. Sein Mund war trocken, musste trinken. Willkommene Unterbrechung, ging in den Garten hinaus. Beim Lesen fiel es kaum auf, nur wenn man beschlagen war wie er. Die Fragen des Steinmetzes verführten zur Zustimmung. Auf jegliches Angebot an Problemlösung hätte der Sklave ununterschieden mit einem abschließenden sicherlich, gewiss, ja doch geantwortet. Wäre einfach dem Tonfall des Fragenden gefolgt. Signalisierte er nicht, was er hören wollte? Nichts war bewiesen. Er musste sich den Abschnitt nicht laut vorlesen, konnte es auch so hören. Das steuernde Fragezeichen am Ende der Sätze. Erzeugte ein ja, nein, nicht doch, richtig. Ihm war es sofort aufgefallen. War sich nicht mehr so sicher, als er den Abschnitt weggelegt hatte. Dachte, vielleicht würden sie es nicht durchschauen. Bilder auf Gefäßen sprechen nicht. Das eine ist, eine Tragödie zu schreiben, das andere, sie auf der Bühne zu hören. Bittere Erfahrung für ihn. Sätze sind auf eine bestimmte Art gemeint, bekommen einen gelingenden Ausdruck, werden dadurch nachvollziehbar. Es ist stimmig oder nicht, man merkt es spätestens dann, wenn man dem Sprechen genau zuhört. Beim Lesen kann man es übersehen. Glaubwürdigkeit der Darbietung. Doch nicht alle würden es merken, so hoffte er.

Ging deshalb darüber hinweg, nahm das Wagnis auf sich. Mit der grundsätzlichen Kritik wollte er das nicht machen, musste ihm die Wucht nehmen. Ungefährheit am Ende, man wüsste nicht genau, wäre aber immerhin möglich, jedem selbst überlassen. Ließ den Steinmetz verlauten, dass er sich nicht für die Lehre der Wiedererinnerung durch Seelenwanderung verbürgen könne. Er hätte sie von Priesterinnen und Priestern gehört. Fände sie einleuchtend, aber eine vollständige Begründung hätte er nicht. Keine philosophische jedenfalls. Wenn sie nicht mitgehen wollten, sollten sie doch eine bessere finden.

Saß wieder im Inneren. Vertraute auf die Kraft seines Bildes. Blickte auf die Vase im Kerzenschein. Was er geschrieben hatte, schien ihm wie das Wassergefäß, beides wird den Nutzer irgendwann wechseln, wenn es nicht vorher zu Bruch geht. Mythos und Wissen verbunden, nicht getrennt. Das wollte er nicht preisgeben. In diesem Augenblick war ihm klar geworden, was über ihrer Eingangspforte stehen sollte. Kein unmathematischer Mensch soll hier eintreten. Zahlen und Geometrie wie in Taras, doch zudem Sammlung allen verfügbaren Wissens in Athen. Die Hürde schien ihm in diesem Moment gering, wenn selbst Sklaven diese Kenntnisse haben können. Es brauchte nur welche, die es hervorlocken.

Gegensätze

Er konnte ihn gut verstehen. Der Steinmetz verteidigte seine Frau und hielt zu ihr. Gerade weil sie nicht das machte, was alle anderen taten. Sie widersprach ihm heftig und wich dem lauten Streit noch nicht einmal in der Öffentlichkeit aus. Er fühlte sich überhaupt nicht vorgeführt. Auch sonst ging er ja keinem Streitgespräch aus dem Weg, suchte es und fühlte sich gewappnet. Warum also gerade hier? Eine weitere Übung, als das konnte man es betrachten. Sie waren eben beide sturköpfig und passten wohl deshalb zueinander. Der Steinmetz lernte von Xantippe, er lernte von dem Steinmetz. Eine gute Verbindung. Jener war Vater von drei Kindern, er von vielen Dialogen. Fruchtbar waren sie also auf jeden Fall. Exemplarisch, nur auf verschiedene Weise. Offensichtlich kann man von Frauen lernen, auch wenn die landläufige Meinung das Gegenteil behauptet. Er hatte seit längerer Zeit vorgehabt, daraus etwas zu machen.

Gewiss, die Stadt trug den Namen einer Göttin. Athene hatte das Patronat gegen einen der Vatergötter gewonnen, weil die Bewohner es in der Vorzeit so entschieden. Poseidon ging leer aus, Athene hatte sich durchgesetzt. Und zugegeben, ohne Priesterinnen ging es auf der Akropolis nicht, sie waren unabkömmlich. So bedeutsam wie in den Tempeln anderer Städte. Aber ansonsten spielten die Frauen keine maßgebende Rolle. Nur wer in den Krieg zieht, bestimmt in der Stadt. Also die Bürger von Athen. Das war ihr Prinzip. Von Volksversammlungen waren Frauen ausgeschlossen, sogar von Festen. Und sie standen ein Leben lang unter männlicher Vormundschaft. Das hatten sie förmlich geregelt. Er musste in sich hineinlachen, denn beim Steinmetz lag die Sache ganz anders, seine Frau versteckte sich nicht. Niemand fügte sich dem anderen. Es kümmerte beide nicht sonderlich, dass Frauen keine offiziellen Rechte besaßen. Auch war ihnen egal, dass sie zurückgezogen im Haus bleiben sollten. Üblicherweise. Für Xantippe galt das nicht, weswegen er oft verhöhnt wurde. Es machte dem Steinmetz nichts aus, fand sogar darauf geschickte Antworten. Offenkundig ärgerten sie sich, dass Xantippe nicht unsichtbar blieb. Wie ja alle Athenerinnen nur mit einem Schleier ihr Haus verlassen durften. Und in langen Gewändern. Er selbst misstraute den Bräuchen sowieso, sie ändern sich bekanntlich mit Ort und Zeit. Nichts Festes, nichts woran man sich halten kann.

Die Ehegesetze müssten reformiert werden, er wusste es, würde es demnächst formulieren. Und nicht nur das. Die ganze Stadt müsste auf anderen Grundmauern stehen. Ganz andere Gesetze und eine andere Ordnung. Auch das würde er beschreiben. In einem großen Entwurf. Bald schon. Jetzt galt es, die Weisheit der Frauen zu verfechten. Den Namen hatte er bereits gefunden, Diotima. So sollte sie heißen. Er sah sie vor sich. Und einen Mythos. Von dem würde Diotima erzählen. Ihm, dem Steinmetz. Und ihn dadurch lehren, wie es wirklich ist. Etwas, was er noch nicht wusste und dann seinerseits weitergeben konnte. Er, der Kluge. Sie, die Wissende. Es musste unbedingt eine Frau sein. Sie würde sogar die Einzige sein, der er überhaupt einen Platz in einem Dialog einräumen wollte. Ein auf gleiche Art fragendes Spiegelbild des Steinmetzes. Nur eben als Frau, eine gewandte Belehrerin. Ein einziger Auftritt würde wohl genügen. Aber einer mit Gewicht. Welches Thema er wählen sollte, war ihm bei den ersten Überlegungen noch nicht klar. Nur dass sie eine Hohepriesterin sein musste. Natürlich. Dann würden sie sich vielleicht weniger daran stoßen. Wollte es ihnen leicht machen. Oder eine Seherin wie beim delphischen Orakel. Eine Berauschte? Nein, doch eine Priesterin. Diotima, der Name sagte es bereits, eine den Zeus Ehrende. Den Obersten und Vater der Athene. Schon das eine Absatzbewegung weg von der Stadt und ihrer Schutzgöttin. Er war zufrieden mit den ersten Schritten.

Doch welcher Ort? Wo sollte sie herkommen? Er entschied sich für den Südwesten. Mantineia, eine Stadt zwischen Athen und Sparta, wo die Frauen mehr Rechte hatten als in Athen. Natürlich würde vielen durch den Kopf gehen, dass bei Mantineia vor Kurzem die beiden Heere aufeinandergetroffen waren. Sparta auf der einen, das mit Athen und weiteren Städten verbündete Mantineia auf der anderen Seite. Die größte Feldschlacht im peloponnesischen Krieg. Bislang. Eine bittere Katastrophe für seine Heimatstadt, die unterlag. Und vermutlich der Auftakt zu noch größeren Niederlagen. Eine naheliegende Gedankenverbindung, aber es war nicht das, worum es ihm ging. So nebenbei vielleicht eine weitere Spitze gegen Athen, doch wirklich wichtig war für ihn ein mit Mantineia verknüpfter Mythos. Deshalb dieser Ort. Homer war ihnen noch immer vertraut, vielen auch dessen Hymne auf Aphrodite. Demnach hatte die unsterbliche Göttin der Liebe den schönen, aber sterblichen Anchises verführt und war die Mutter von Aeneas geworden. Dem einzigen Trojanerprinzen, der aus der zerstörten Stadt entkam und seinen Vater Anchises später nahe Mantineia bestattete. In der Nähe eines Aphroditetempels. Eine Göttin und ein Mensch. So hatte sich dieser Kreis geschlossen. Liebe stand am Anfang des trojanischen Krieges und an seinem Ende. Die Griechen hatten gewonnen, sie waren im Recht gewesen. Und Aeneas konnte weiter nach Westen ziehen.

Es wäre somit nicht sonderlich schwer gewesen, Diotima zu einer Figur zu machen, an der er die Frage der Gerechtigkeit hätte aufrollen können. Ein Prozess gegebenenfalls. Möglich, aber er verwarf es. Hatte er nicht gerade eine Verteidigungsrede verfasst, auf die er stolz war? Dem Steinmetz untergeschoben, der bereits seit vielen Jahren tot war? Prozesse waren überhaupt zu nah an dem, was die Sophisten so gut konnten. Argumente verdrehen und das Unterste zum Obersten machen. Doch niemand sollte so weise in der Frage sein, was Gerechtigkeit ist, wie der Steinmetz. Das Naheliegende ging also nicht. Niemand sollte ihn das lehren. Ein anderes Thema musste her. Der Herkunftsort von Diotima war günstig gewählt, der Mythos des Ortes bot es geradezu an. Musste nur folgen. Nicht Gerechtigkeit würde er nehmen, sondern Eros, hatte die Brücke gefunden. Über viele Gottheiten gab es Loblieder der Dichter, diesen hatten sie geflissentlich ausgespart. Als wäre das Begehren, für das er stand, eine Unerheblichkeit. Für die reine Leidenschaft hatten sie Aphrodite. Begehren war aber etwas anderes, ein Kind der Liebesgöttin und des Kriegsgottes. Nicht einmal bei Homer hatte Eros eine Rolle gespielt. Eine mehrfache Lücke, die er füllen konnte.

Über Eros gab es verschiedene Geschichten. Das machte es ihm leicht, er könnte seine eigene erzählen, ohne auf Widerstand zu stoßen. Liebe und Krieg als dessen göttliche Eltern passten ihm allerdings nicht. Es ging um Begehren, nicht Leidenschaft. Um Geist, nicht Körper. Er müsste infolgedessen eine ganz eigene Auslegung anbieten. Ihm eine Trägerrolle geben. Eine, die zur Weisheit passt, nicht zur Gerechtigkeit und schon gar nicht zur Liebe. Ein Zwischenwesen würde er aus ihm machen. Einen Daimon, zwischen Göttern und Menschen zu Hause, aber näher bei den Göttern. Wichtiger aber für die Menschen. Ein Mittler. Jemand, der die Menschen zu etwas führen kann und ihnen gibt, was sie nicht haben. Nein, nicht haben, sondern haben wollen müssten. Wenn sie denn geschult würden. Wie der Steinmetz in seinen Dialogen Menschen zum Guten führen will. Eros, ein Wegbahner, der für andere Wegweiser wie Diotima, den Steinmetz und ihn selbst den Weg ebnet.

Was sie in Athen feierten, war etwas völlig anderes. Das konnte er nicht verwenden. Es gab ein kleines Fest zu Ehren des Eros, einen jährlichen Umzug, mehr nicht. So war es im attischen Kalender festgelegt, hatte für ihn jedoch keine Bedeutung. Ging niemals hin. Dennoch wahrscheinlich besser, Diotima und der Steinmetz träfen außerhalb der Stadtmauern aufeinander. Weiter im Norden, im angrenzenden Böotien, gaben sie ihm eine größere Bedeutung und veranstalteten sogar Spiele unter seinem Namen. Keine so großen wie die weithin bekannten in Delphi, Olympia, Nemea und Korinth, doch ebenfalls welche im vierjährigen Rhythmus. Hatten sich daran angelehnt. Auch ihre musischen Spiele waren kleiner, konnten dem Vergleich zu den Athener Dionysien nicht standhalten. Seine Stadt war beherrschend in den Künsten. Zu seiner Freude, aber auch Leidwesen. Und hatte nicht Sophokles dem Eros eine Rolle in einer seiner Tragödien zugewiesen? All das traf zu, sie behandelten ihn aber wie eine Nebenfigur, nur als Abkömmling der Aphrodite. Dem würde er sich nicht beugen. Ihn von der Leidenschaft frei machen, es braucht keine zwei Gottheiten für die gleiche Sache. Musste ihn abwandeln. Oder verdoppeln, zwei Eros, zwei Seiten. Sagen das nicht schon Mythen? Kannte sie zur Genüge, war genau. Dasselbe bei Aphrodite, eine gute, eine schlechte. Eine für die Wissenden, eine für alle. Weisheit oder Meinung, seine Trennung.

Diotima sollte dem Steinmetz von einem Mythos erzählen, dieser würde es anderen weitererzählen, und er würde es in einen Dialog packen und so niederschreiben, als hätte das Gespräch tatsächlich stattgefunden. Fruchtbarkeit des Geistes. Begehren ist hingezogen werden. Zu etwas Schönem. Einem schönen Körper zunächst. Einer geliebten Menschenseele dann. Der schönen Kunst, die es allen zeigt. Der Wissenschaft, die es weiß. Und schließlich der Weisheit, die es hat. Die Schönheit der Schönheit. So konnte es gehen. Eine Lust der wahren Erkenntnis. Nein, doch keine Lust. Eine andere Art der Hingabe. Geboren aus Sehnsucht nach dem, was man nicht hat. So wie sie immer wieder erneut den Schutz einer Gottheit suchten, weil sie sich etwas davon versprachen.

Mangel treibt an, füttert die Neugier. Sucht nicht jedes Lebewesen, das Hunger hat, etwas zu fressen? Auch Menschen fühlen sich zu dem hingezogen, wovon sie zu wenig haben. Und wenn es stark genug ist, bleiben sie nicht auf halbem Weg stehen. Eine Kraft, die sie auf die richtige Spur führt und dort hält. Das passte bereits zu dem Steinmetz. Fragend und debattierend bei der aufrechten Verfolgung echten Wissens. Eine Stufenleiter hin zur Weisheit. Daraus wurde Eros, der Wegbahner. Vermittelt von einer weisen Frau. Weil nichts schöner ist als das Wissen selbst. Hatte nicht dauerhafte Neugier seinen eigenen Eifer gefüttert? Und eine Fülle am Ende der vielen Hinterfragungen und Belehrungen gelockt? Ein Versprechen, dem er treu bleiben wollte.

Immer wieder war er darüber gestolpert, dass man auch ohne genaues Wissen das Richtige treffen kann. Es gab offensichtlich etwas Drittes zwischen Klugheit und Dummheit. Wie ein Schütze, der trifft, ohne richtig zu zielen. Konnte er die Wahrheit kennen? Nein, es war Zufall. Doch nicht, Zufall war ausgeschlossen. Kam zu häufig vor. Deshalb mehr als verwunderlich. Wieso trifft er dennoch? Ahnung. Doch woher? In den Dichtungen werden die von Helden abgeschossenen Pfeile durch beistehende Götter ins Ziel gelenkt. Plump schien ihm, aber immerhin ein Erklärungsversuch. Was lenkt bei Erkenntnis? Die Ansicht kann unbestreitbar stimmen, aber dennoch aus völlig falschen Gründen erzeugt sein. Irrtümlicher Weg nur, halbrichtig trotzdem. Ein Zwischen. Ein dunkles Vorgefühl. Ein Meinen und Behaupten. Noch nicht auseinandergelegt und abgeschätzt. Starr daran festhalten, als wäre es aus sich heraus gültig. Es quälte ihn, wenn er es festzustellen meinte. Und litt, wenn es ihnen trotz mancher Einwände genügte. Verwiesen dann meistens auf Mythen und Dichtung, wenn er es hinterfragte. Er widersprach heftig, nur ein Glaube, unhaltbare Einwirkung auf den Verstand. Zwischen wahr und unwahr schwebte etwas, das zutraf, aber ohne die richtige Rechtfertigung war. Lediglich als Gewohnheit, nicht als Kennerschaft. Ein geeignetes Gespür vor genauer Prüfung, das immerhin. Er aber hatte viel mehr zu bieten. Musste nicht auf Dichter und Bräuche verweisen. Hatte etwas, das man nicht sinnlich wahrnehmen konnte, und das dennoch da war.

Deshalb oblag es dem von ihm hochgehaltenen Wissen anziehend zu sein, Kraft zu besitzen, Ausdauer zu bewirken. Einsicht ist nicht Vermuten oder Ansicht. Nicht Geschichten über Geschichten. Überliefertes ist befehlerisch und doch unglaubhaft. Die nächste Übernahme vergrößert den Fehler. Dichter kommen höchstens zu wahren Vermutungen, Philosophen zu wahrem Wissen. Darauf beharrte er, seitdem er mit Dialogen begonnen hatte. Er war überzeugt, beides zu kennen und zu beherrschen. Beherrscher des Unterschieds wie der gegenseitigen Befruchtung. Nutzte Mythen, aber nicht in Siegesabsicht, sondern für dialogische Hinführung zur Wahrheit, die sie verfehlten. Ein von ihm erdachter Mythos aus einer mythisch überhöhten Stadt, um die Verlockung der Wahrheit zu beschreiben. Von einer Frau vorgebracht dem Weisesten, den er sich ausgemalt hatte. Niemand konnte ihm etwas vorwerfen. Höchste Kunst, vorbildlich. Er genoss es geradezu.

Und bestaunte seinen überschießenden Einfallsreichtum. Wusste zugleich um die Schwäche seines frei erfundenen Mythos. Musste ja nur daran denken, woher sein eigener Wissensdurst kam. Empfand es weit weniger als Hingezogen werden. Es kam ihm eher vor wie ein Getriebensein. Denn ihn lockte überhaupt nicht die Schönheit des Wissens, ihn ärgerte vielmehr die Oberflächlichkeit der Antworten, die andere als tragfähig ansahen. Sein Durst vergrößerte sich dadurch, dass der von ihnen angebotene Wein eindeutig schlecht war und dennoch getrunken wurde. Ihnen reichte er, leichtfertig und selbstgefällig, wie sie waren. Ihm nicht. Unstillbar womöglich? Übertrieb er es? Haderte kurz, ob es überhaupt einen gäbe, der ihm genügen könnte, wischte den Zweifel weg. Würde es schon noch herausfinden. Hätte noch genügend Zeit, immer aufs Neue zu umkreisen, was er suchte und zu finden meinte. Es war jedenfalls mehr als ein einziger Lehrsatz oder eine einzige Geschichte, die immer wieder abgewandelt wird.

Seine größte Genugtuung bestand darin, die Lücken der anderen aufzuspüren. Benötigte sie genau dafür. Setzte sie voraus in allem, was er vertrat. Suchte je nach Laune ihre Gesellschaft oder ging ihnen aus dem Weg. Konnte zwar kein eindeutiges Muster darin erkennen, wann das eine, wann das andere. Wusste aber, dass er nicht auf sie verzichten konnte. Schon gar nicht auf die verblassende Erinnerung an die vielen Begegnungen, die ihm aufgefrischt neuen Antrieb verschafften. Sein eigener Mangel war, wenn er es recht bedachte, die rasch auszumachende Schwäche des Gegenüber. Fühlte sich dann wie ein Pfeil, der vom Bogen losschnellt. Es schien ihm, dass ihr Irrglaube geradezu die Spannung der Sehne nährte. Er peilte ein Ziel an, das sich nicht einmal sehen konnten. Hatte er sich dem ausgesetzt, schien es ihm wieder genug für eine geraume Zeit. War angefüllt damit, konnte es fruchtbar wegarbeiten. Kam aber nicht darauf, wie er auch das noch bei Diotima unterbringen könnte. Die Frage, ob er ihr Glauben schenken würde, beantwortete er mit einem eindeutigen Nein. Und schrieb gleichwohl unverhohlen weiter.

Nur noch die Elternschaft musste er anpassen. Nicht Aphrodite und Ares, nicht Liebe und Krieg. Das war das Lustvolle. Gängig, aber hier unangebracht. Stattdessen Unvollkommenheit als Antrieb, denn zeichnet nicht sie irrende Menschen vor allem aus? Könnte man ihnen ihre Unzulänglichkeit nicht vorführen? Ihre Kurzsichtigkeit infrage stellen? Er hatte sich auf den Weg gemacht, ihn geebnet, andere sollten es bei Eignung auch tun. Eine vererbte Unvollständigkeit bei allen Menschen, die dem Begehren Stärke und Ziel gibt. So kam es, dass Eros von ihm neue Eltern erhielt, Penia und Poros, Armut und Reichtum. Was war größere Armut als Unwissenheit? Und was war größerer Reichtum als Findigkeit, Scharfsinn und Einsicht? Ein gelungenes Elternpaar, Mangel und Überfluss. Schon wieder ein Kreis. Und eine Frau mittendrin. Er hatte länger danach gesucht, und es jetzt für gut befunden. War einen Umweg gegangen. Hatte zunächst einen Monolog der weisen Priesterin verfasst, der nur darauf wartete, eingepasst zu werden. Dachte beim Hineinschreiben wieder an Xantippe, die ihm den Anlass geboten hatte. Diotima und Xantippe, ein Gegensatzpaar wie viele andere. Derartiges brauchte er, elementar für ihn.

Hassliebe

Sie machten beinahe alles falsch. Ihre Lehren waren falsch. Dass sie Geld nahmen, war falsch. Dass Politiker auf ihre Künste vertrauten, war falsch. Dass sie sich als Erzieher verstanden, war falsch. Dass sie den Menschen zum letzten Maßstab erhoben, war falsch. Und dass sie überhaupt in der Stadt waren, war falsch. Einfach alles. So dachte er. Sie dienten machtgierigen Politikern und sorgten mit allem, was sie ihnen beibrachten, beständig für Unruhe.

Zweifellos waren Sophisten gute Redner. Viel bessere als er selbst. Umtriebige Meister des Streitgesprächs und verführerischen Beweises. Schmeichler, die vorgaben, grundlegende Befähigungen zu lehren, aber nur den persönlichen Auftritt verbesserten. Dabei war ihm Isokrates noch nicht einmal unsympathisch. Er mochte ihn sogar, weil er sich über die verfehlten Methoden der anderen Rhetoriklehrer beklagt hatte und ein Erziehungsideal vertrat, das nicht auf taktischen Betrug setzte. Der Name gefiel ihm sofort. Klang beinahe wie der des Steinmetzes, dem er zu

Bedeutung verholfen hatte. Eine natürliche Veranlagung zur Tugend führt zu Gerechtigkeit, Isokrates hatte völlig recht, man muss auf die Tugend setzen, die innere Kraft. Und allen damit etwas abverlangen gegen ihre nächstliegenden Neigungen. Er hatte ihn reden gehört und musste ihm zustimmen. Ausgerechnet ihm, dem zurückhaltenden Sophisten mit der äußerst leisen Stimme, der nur schwer zu verstehen war. Schon das trennte den ungewöhnlichen Sohn eines Flötenherstellers von anderen. Die Stimme war schwach, der Auftritt wenig beeindruckend, doch der Inhalt wog das auf. Teilweise zumindest, befand er.

Die rhetorische Ausbildung brachte viel ein. Nicht zuletzt einen guten Ruf. Ansehen und Lebensführung verschaffen den Wörtern Glaubwürdigkeit, das hatte Isokrates verstanden und war darüber wohlhabend geworden, nachdem er im großen Krieg mit Sparta alles verloren hatte. Seine dünne Stimme war keine beispielhafte Voraussetzung zum Broterwerb als Rhetoriklehrer. Also musste der Verstand mehr leisten als das Sprechen. Alles auf Verstand setzen, er erkannte sich darin wieder. Die Schüler von Isokrates waren einflussreich und in öffentlichen Ämtern. Anders als die seinen. Gut ausgebildet zum Regieren eines Gemeinwesens. Vorlagen für die nächsten Schüler, von denen er viele hatte, letztlich mehr als fast alle anderen. Sie kamen von weit her, der großen Insel ganz im Westen und den fernen Küsten im Nordosten. Eine heimliche Bewunderung schlich sich ein, die er ihm doch unbedingt versagen wollte.

Hatte sich ganz auf die unauffällige Stimme von Isokrates eingelassen und möglichst genau hingehört. Ihr Ton war leicht säußelnd und blieb dadurch seltsam entfernt, trotzdem dehnte sie sich in seinem Ohr unwillkürlich aus. Eine Anfälligkeit seinerseits, er kannte sie, reagierte stark auf leises Sprechen. Hatte sich angewöhnt, sich nicht zu bewegen und den Atem anzuhalten, um kein

Eigengeräusch zu erzeugen. Im Nachhall setzte sich das Wort Tugend fest und begann unverhohlen eine Eigenmächtigkeit in ihm zu entfalten. Verwob sich mit seinen eigenen Gedanken. Er musste aufpassen, Abstand halten. Man müsste es deutlich verschärfen, denn was hieß schon natürliche Veranlagung, überlegte er. Tugendhafte Politiker könnten einen echten Sinn von Gerechtigkeit entwickeln, das schon, aber diese Mischung gab es in der Stadt nicht. Denn wer sich geschickt in Rhetorik ausbilden lässt, weiß davon überhaupt nichts. Er verkauft den eigenen Vorteil als einen für alle. Weil er verstanden hat, wie er die Menschen anpacken muss, mehr nicht. Eine falsche Angelegenheit von Anfang an. Selbst dann, wenn gelegentlich doch ein guter Politiker daraus hervorgehen mag. Noch nicht einmal diese Einschränkung mochte er mitmachen. Es wäre ja nur planlos und beliebig. Nein, blieb grundsätzlich falsch. Alle Sophisten leiten zum Betrug an und waren selbst Betrüger, er durfte nicht nachgeben.

Ohne die vielen Gerichtsprozesse hätte man sie überhaupt nicht gebraucht. Dort ging es einzig darum zu gewinnen und niemals um die Wahrheit. Er selbst war nicht darin bewandert, wie man vor Gericht gewinnt. Wie man Beweise anführt und fälscht, wie man die Gegenseite widerlegt und sich selbst ins rechte Licht setzt. Allein mit Worten. Wie jeder Haarspalter konnte Isokrates das einem talentierten Schüler beibringen, er jedoch nicht, fühlte sich anderem verpflichtet. Die Wortverdreher halfen nicht nur bei Gerichtsprozessen, sondern vor allem dabei ein Amt zu ergattern. Nur weil sie das gut konnten, kamen so viele zu ihnen. Hauptsächlich das setzte ihm zu. Er wollte nicht, dass geschickte Redner regieren, die mit wolkigen Worten täuschen, um die Meinungsführerschaft zu erlangen. Isokrates war einer von ihnen, wenn auch kein ganz so übler wie die Restlichen. Schon wieder dieses Schwanken. Er könnte ihm vielleicht einen Platz in einem Dialog geben. Nur einen kleinen. Nicht Titel und Protagonist, das wäre zu viel. Als Lob und Strafe zugleich sollte eine Erwähnung wohl ausreichend sein.

Athen muss Vorbild bleiben, er stimmte mit Isokrates überein. Auch darin, dass die Geometrie in die Erziehung eingebunden werden soll. Wenn bei ihm auch nicht aus den zutreffenden Gründen, Isokrates irrte ein ums andere Mal. Jener hielt sie nur deshalb für nützlich, weil sie die Konzentrationsfähigkeit für wichtigere Themen steigere. Geometrische Schulung als Vorübung. Schon wieder Ertrag durch praktischen Nutzen. So wie für ihn die Tugend nur Mittel zum Zweck eines erfolgreichen Lebens war, nicht Ziel der Politik. Alles falsch. Trotzdem musste er ihn ernst nehmen. Denn Isokrates war kein Wanderlehrer wie die meisten, schließlich hatte auch er eine dauerhafte Schule in Athen eröffnet. Aber seine Frau war die frühere Frau eines Sophisten, Witwe geworden und jetzt an dessen Seite. Und sein Lehrer war ein berühmter Sophist gewesen, auf den er noch immer nichts kommen ließ. Das ginge noch. Doch Isokrates sprach der Akademie keinen praktischen Wert zu. Seiner Schule in dem großen Hain, ein Angriff. Obwohl es dort um Gerechtigkeit ging. Das begriff er nicht, und es schmerzte. Er hätte seine Akademie nicht besonders loben müssen, aber wenigstens wertschätzen. Zustimmung war gar nicht erforderlich. Dass er die Akademie einige Jahre früher gegründet hatte, das hätte er großzügig würdigen können. Er war wohl ernsthaft, das ja, aber eben respektlos und gefährlich für seine eigene Lehre. Das Gegenteil. So musste er den Dialog ansetzen.

Doch Isokrates war nicht sein Gegenteil, und es blieb ihm bewusst. Das waren die anderen Sophisten. Sie brauchte er, gerade weil er sie verachtete. Denn wie sollte man sonst erkennen, dass nur er die Wahrheit vertrat? Warum also gerade Isokrates groß machen, der ihm doch zumindest etwas ähnlich war? Er suchte eine passende

Schneise. Nein, nicht direkt angehen, kein unmittelbarer Gegner. Besser vereinnahmen und zugleich abstoßen, wenn möglich. Er würde keinen Dialog über Isokrates verfassen, sondern über dessen Lehrer und ihn damit treffen. So könnte es gehen. Allerdings nicht genau über diesen, sondern einen anderen, der den gleichen Namen trug, Georgias. Aber nicht den aus Thessalien im Norden, sondern den aus Leontinoi im Westen. Noch besser. Er würde beide Georgias zu einer einzigen Figur verschmelzen. Das war es. Er könnte ihn vorführen und doch freundlich zeichnen. Als einen, der nicht völlig unwissend und stur ist, sondern sich auf die Fragemethode seines Steinmetzes einlässt. Nicht ausweicht oder lächerlich wirkt. Malte es sich aus. Erst selbstsicher. Allmählich verfangen. Dann erschöpft. Schließlich der Angelegenheit nicht gewachsen. Widerlegt. Samt seiner Schüler. Sie alle müssten sich aus Klugheit den richtigen Schlussfolgerungen ergeben. Aber trotzdem die praktischen Konsequenzen für das Leben verweigern. Nur Meister des Wortgefechts, nicht des richtigen Ergebnisses. Damit hatte er auch ihn. Denn sie konnten es nicht sehen, selbst wenn sie es in Händen hatten. Weil sie nicht erkennen wollten, sondern gewinnen. Auch dann noch, wenn sie offenkundig verloren hatten. Die Wahrheit lässt sich verleugnen. Lüge und Betrug können fruchtbringend sein. Aber das Richtige ist trotzdem da. Darum verachtete er die Sophisten, wenn auch in höherem Maß als diesen Isokrates.

Ihr Instrument passte ihm durchaus, er hatte sich daraus bedient und würde es weiterhin tun. Rede und Gegenrede, wie vor Gericht. Allerdings um der Wahrheit willen, als Erkenntnisweg. Kein Monolog. Auch kein offener Streit. Sondern Meinungen aufgreifen, prüfen, auf den Kopf stellen, widerlegen, das hatte er daraus gemacht. Es war seine eigene besondere Art, schleppend behutsam, nicht stürmisch schreiend. Ebenfalls säußelnd, jedoch auf eine inhaltliche Art, ein leiser Ton. Hatte zu Beginn noch tastend eine Kunstform daraus entwickelt, mittlerweile war er versiert darin. Sie war raffiniert und brauchte eine gewisse Zeit zur Wirkung. Rechtsprechung interessierte ihn nicht sonderlich, Einzelfälle, viele Irrtümer, viele Stimmungen, viele Beeinflussungen, viele Fehlurteile, Macht der Goldmünzen. Nur ein paar Kniffe hatte er dem entnommen. Das Theater bot letztendlich Besseres. Etwas Allgemeines, was alle anging. Ihm gefielen zwar nicht die Schauspieler, die in Masken auf der Bühne jene verkörperten, die schuldlos schuldig wurden. Aber er mochte den Chor, der es zutage brachte. Rede und Gegenrede, blinde Unwissenheit und Vorausschau dessen, was schicksalhaft passieren würde. Schicksal interessierte ihn eigentlich nicht besonders. Doch die Effekte auf der Bühne waren in der Gegenüberstellung ganz erstaunlich. Blindheit und Sehen. Das konnte er auf eigene Weise verwenden. Er hatte aus dem Chor der Vielen nur den Einen gemacht, seinen Steinmetz, und es taugte ihm für viele Themen. Sein stärkstes Mittel, er war stolz auf seine Originalität.

An Musterreden war ihm nicht gelegen. Gleichwohl verbanden ihn bestimmte Überzeugungen mit dem leise Sprechenden. Dachten nicht beide, dass der Anspruch der Sophisten, aufgrund ihrer Sprachtechnik auf allen Wissensgebieten fachkundig zu sein, uneinlösbar wäre? Auch dass Moral und Politik eine einzige Münze bilden und nicht getrennte Rechnungen ergeben, einte sie. Allerdings trieb ihn selbst einzig an, wie man im Leben richtig handelt, ohne Rücksicht auf den zu zahlenden Preis. Sein Steinmetz hatte ihn entrichtet, er ihm eine Begründung verpasst. Die Isokrates natürlich nicht teilte. Behauptete stattdessen, dass sobald zwei schlechte Dinge zur Wahl stünden, es immer besser wäre, ungerecht zu handeln als Unrecht zu erleiden. Zu versklaven statt Sklave zu werden. Es stach, als er das las, war unmittelbar gegen ihn gerichtet, spürte die Angriffslust hochsteigen. Leuchtete den meisten zwar als naheliegend ein, schien ihm jedoch kurzsichtig und grundfalsch. Bereits bei kurzem Nachdenken müsste man darauf kommen. Es würde der Gerechtigkeit keinen Eigenwert zubilligen, sondern sie wie ein Schilfrohr behandeln. Als ein je nachdem. Empfand die Gewissheit dieses Irrtums als etwas, was ihn selbst von allen trennte. Unüberbrückbar. Selbst wenn er vieles andere aufgeben müsste, daran wollte er unbeirrt festhalten.

Isokrates hatte ihn gefragt, ob sie nicht Schüler austauschen könnten, Nutzen voneinander ziehen. Geometrische Schulung wäre nichts, wo sie miteinander im Wettbewerb stünden. Vielleicht gäbe es noch anderes? Er wolle es sich überlegen, hatte er erwidert, geschmeichelt und in Abwehrhaltung. War sich nicht sicher. Musste aber neidlos anerkennen, dass sich diese Rhetoriklehrer sehr genau mit der Wirkungsweise von Reden auseinandergesetzt hatten. Und Dinge fanden, die ihm bis dahin unbekannt waren. Nicht alles falsch. So verlangte Isokrates, den Zusammenstoß von zwei Vokalen am Ende des einen und Anfang des nächsten Wortes zu vermeiden. Hatte ihm das erläutert. Schwer auszusprechen. Verzögert den Redefluss. Unnatürliche Pause, wo sie nicht passt. Zieht an der falschen Stelle Aufmerksamkeit auf sich. Wirkt schnell lächerlich. Nachvollziehbar. Man konnte die beiden Vokale zusammenziehen, wie es der blinde Sänger gemacht hatte. Oder einen Vokal in bestimmten Fällen ganz wegfallen lassen. Der Metrik und Rhythmik folgen. Bei Reden aber seltsam, sind weder Gesänge noch Dichtungen, wollen auch überhaupt nicht so daherkommen. Einfacher wäre es, den Zusammenprall zu umgehen.

Ihm war klar, warum Isokrates diese strenge Vermeidungsregel aufgestellt hatte. Vorbelastung. Mangel zieht Erkenntnis an. Sprach leise, war schwer zu verstehen. Musste es sich einfacher machen. Hatte aus einer

Beschränkung gelernt, wurde von der Vermeidung angezogen und hatte sie für seine Schüler verallgemeinert. Er nahm sich vor, dem bei eigenen Dialogen künftig zu folgen, schien ihm durchaus sinnvoll. Geschriebenes wurde genutzt, um es vorzulesen. Auf den Redefluss kam es also immer an. Hatte danach begonnen, seine Dialoge auf derartige Wortfolgen hin zu untersuchen. Und festgestellt, dass sie in der Vergangenheit zu viele Vokalzusammenstöße enthielten. Ungünstig. Bemühte sich, es jetzt besser zu machen. Bekam Übung. Wurde manchmal nachlässig, wenn er müde war. Wollte noch aufmerksamer darauf achten. Könnte immer besser darin werden. Vielleicht doch Schüler austauschen, überlegte er, einige wenige könnte er ja an sich binden.

Grenzen

Eine Katastrophe. Sie waren gekommen, um etwas über Güter zu hören. Solche, die ihnen wichtig sind. Gesundheit, körperliche Kraft, Reichtum, Beziehungen. Alles, was zum Glück beiträgt. Wollten etwas erfahren, um ihr eigenes zu steigern. Kluge Ratschläge. Eine Einladung an die Bürger seiner Stadt. Einführung nur. Schon nach kurzer Zeit wurde es unter den Zuhörern unruhig. Ihn hatte das nicht sonderlich gekümmert, er blieb beharrlich bei dem, was er vorbereitet hatte. Den meisten wurde langweilig, hielten schlicht für bedeutungslos, was er zu sagen hatte. Auf andere wirkte es abwegig, auf wenige geradezu schädlich. Waren schnell verschwunden. Eine Katastrophe. Aber nur für sie, seine Schüler.

Sie hatten ihn gewarnt. Ihm gesagt, dass er geeignete Beispiele bringen sollte, damit hatten sie selbst immer Erfolg gehabt. Einfache Beispiele. Er müsste doch wissen, was für Leute kämen. Die Gleichen, die ins Theater gingen. Wollen unterhalten werden und etwas Nützliches mitnehmen, das sie verstehen. Es wären eben keine Mitglieder der Akademie. Sie hatten einen Vortrag über wertvolle Güter erwartet, nicht aber, dass er über das Gute an sich sprechen würde. Ausgerechnet. Und vor allem nicht so. Bemühte er sich denn nicht auch in ihrem Kreis, anwendbare Bilder zu finden? Er sollte eingängige wählen, die zu ihrem Alltag passen. Warum hier von Geometrie anfangen, von Zahlen und Astronomie? Warum übertrieb er? Immerhin hätten sie den langen Weg auf sich genommen.

Doch ihm ging es gut, er war zufrieden. Seine Antwort war die Gleiche wie schon beim letzten Mal, als sie ihm die dieselben Vorhaltungen gemacht hatten. Es stünde über dem Eingang der Akademie. Das Beste, was er Athenern geben könne, wäre, was er herausgefunden hatte. Zutreffendes, nichts Einfaches. Etwas wirklich Bewährtes. In Jahren errungen. Hätten sich erkundigen sollen. Er wusste schon vorher, wie es ausgehen würde. Den Ruhm der Akademie würden nicht Athener Bürger mehren, das sei etwas für die Schulen der Sophisten. Hier stünde, dass kein Mensch eintreten solle, der von Mathematik keine Ahnung hätte. Das gelte auch für Zuhörer aus der Stadt. Selbst die Unausgebildeten. Wäre Mathema nicht die Kunst des Lernens, zugleich also Gegenstand und erwerbbare Kenntnis? Sie hätten doch vermuten können, dass es dabei zumindest auch um Zahlen und geometrische Formen ginge, die Voraussetzung der Erziehung. Was sogar Sophisten zugestehen würden. Und er wäre immerhin Leiter der Akademie, nicht einer seiner Schüler, die größere Freiheiten des Vortragens hätten. Von ihm musste man mehr erwarten. Nein, Athen hätte wieder einmal bestätigt, was er auf sich zukommen sah. Verschlossene Ohren. Ihre Enttäuschung sollte sich also in Grenzen halten, empfahl er.

War sogar glücklich an diesem Tag, zeigte es aber nicht so deutlich, wie er es empfand. Es war ein Erfolg gewesen. Eine war da, die ihm anschließend scharfsinnige Fragen gestellt hatte. Lastheneia. Stammte aus Mantineia, wie sie beiläufig erwähnte. Und warum sie sich den Vortrag angehört hätte, wollte begreifen, was er unter Ideen verstünde. Hätte davon erfahren. Er kannte Mantineia, kam doch eine seiner erfundenen Figuren von dort. Gute Wahl im Nachhinein. Vielleicht eine, die ihm selbst etwas verdeutlichen könnte? Es genügte ihm, wenn jedes Mal eine einzige Person übrigblieb, die seine Akademie bereichert hatte. Die nichts verstanden, waren ihm einerlei. Vorträge betrachtete er als ein Sieb. Er erprobte und reizte, um jemanden zu finden, ob Schülerin oder Schüler. Erklärte es aber nicht so in seinem Kreis. Sie würden ihm Neugierige verschaffen. Sollten sie doch glauben, dass er die Athener lehren wollte. Er war nicht enttäuscht, weil es nie in seiner Absicht lag. Fragen und Antworten, darum ging es. Lastheneia bestätigte seine tiefe Überzeugung, dass beide Geschlechter die gleiche Ausbildung erhalten sollten. Kein Unterschied, weil die Seele zum Wissen drängt, nicht das Geschlecht. Gab es nicht auch andere Frauen an seiner Akademie? Traditionelles Athen. Fortschrittliche Akademie. So sah er es, nicht nur in diesem Augenblick.

Sie fragte ihn abwägend, es kam ihm nicht missachtend vor. Weckte gerade dadurch seine Erwartung. Warum er den Hörern hatte erklären wollen, dass das Gute seiner Auffassung nach Eins sei, eine Zahl im Grunde genommen. Oder genauer das, was Zahlen ausmache. Wäre das Gute nicht vielmehr Harmonie, nicht nur als ein Wohlklang, sondern Ausgewogenheit in allen Belangen? Das würde sogar zu seiner ausgearbeiteten Tugendlehre passen, Ebenmaß, er musste ihr zumindest teilweise zustimmen. Zeigte sich vordergründig beweglich, könnte es gegebenenfalls aufgreifen und bei anderen Vorträgen übernehmen. Dankte ihr für den Hinweis. Und würde trotzdem weiter darin fortfahren, dass die vielen Güter nur Teil der einen Idee sind, des Guten selbst. Forderte sie auf, weiter zu fragen.

Wieso er ausgerechnet die unbegrenzte Zwei angeführt hätte, die doch alle überfordern müsse, die mit den üblichen Rechenarten, nicht aber dem Wesen der Zahlen vertraut seien. Könne man die Unbegrenztheit der Zwei nicht erst dadurch begreifen, dass man im Sand nachvollziehen würde, dass nichts übrigbliebe, wenn man die beiden Steine halbiere und ohne Rest in der Mitte wegnähme? Sie war wie er dort gewesen, es fiel ihm wie Schuppen von den Augen, natürlich. Bildete sich kurz ein, er sähe sie in Taras, am Strand, gelegte Geometrie, nicht vernommene Sätze. Strahlte, zeigte es, freute sich aufrichtig. Nur ihre Fragen zur Sonne wiegelte er ab, schwierig für ihn, keine Zugeständnisse, sein wichtigstes Gleichnis. Er konnte nicht darauf verzichten. Sie könnten sich später darüber unterhalten, bei anderen Gelegenheiten. Er hatte ihre Wissbegier geweckt und sein Ziel erreicht, sicherlich durch die Ausführungen zur Sonne, das andere war ihr vertraut. So kam es ihm vor. Abwarten.

Das ging ihm immer wieder durch den Kopf, während er mit ihr wenige Wochen später auf Spazierwegen seine Überzeugungen durchging. Sie war in die Akademie eingetreten und hatte sich Schülerin genannt. So, wie andere kamen und gingen. Kein starrer Lehrbetrieb, keine Bezahlung. Von ihrer Haltung wich sie nicht ab, es störte ihn nicht. Er wollte nicht Zustimmung, suchte Gespräche, wollte nicht eintönig belehren. Sie hatte ihn schon nach dem Vortrag gefragt, wozu es überhaupt Ideen geben sollte. Nicht eine bestimmte, sondern ganz generell. Ihr wären Erscheinungen auf der einen Seite, also Sinnliches, und Zahlen auf der anderen Seite, also Grundsätzliches, völlig geläufig. Deshalb aber auch ausreichend. Beispiel und

Grenzen 89

Regel. Der Rede hätte sie durchaus folgen können, hatte sie gemeint. Doch warum über den Regeln noch etwas Weiteres? Darüber sei sie gestolpert und fände es nach wie vor nicht einleuchtend. Immer wieder kamen sie auf ein paar Sätze seines Vortrags zu sprechen, in denen sich alles bündelte. Wären nicht Zahlen bereits ewig und so allgemein wie nur möglich? Eine typische Pythagoräerin, hier in seinem Hain. Selbstbewusst und klug. Musste sich bemühen. Vielleicht könnte er sie anstecken. Brauchte Zeit.

Ein ums andere Mal hatte er sie in diese Gespräche verstrickt. Lastheneia folgte ihm bis zu einer bestimmten Stelle, stimmte ihm darüberhinaus aber nicht zu. Niemals. Trotzdem genoss er den fußläufigen Weg als außergewöhnlich, viele Schülerinnen hatte er nicht. Bewunderte ihre Genauigkeit und die besondere Art, wie sie sich ernsthaft auf sein Denken einließ, ohne sich vereinnahmen zu lassen. Lobte im Stillen seinen Vortrag, der dies ermöglicht hatte. Empfand die anderen in diesem Moment als Kleingeister, ließ sich davon aber nicht auffressen. War zu abgeklärt dafür. Und stolz auf seine Akademie, die ihn gewiss überdauern würde. Wieder und wieder machten sie diesen Gang zwischen seinem Privatgarten und der Akademie. Sie holte ihn ab oder brachte ihn hin. Öffentlicher Boden. Offenes Denken. Ist die Welt nicht trügerisch, und könnten wir den Sinnen kaum vertrauen? Sie pflichtete ohne zu zögern bei, beide wussten, dass er regelmäßig so begann. Zuerst Zustimmung erzeugen. Es gibt viele Pferderassen, doch alle sind als Pferd erkennbar. Und ist nicht jeder Stuhl das Abbild einer allgemeinen Vorstellung Stuhl wie jedes Pferd das Abbild einer allseitigen Vorstellung Pferd ist? Auch dies bejahte sie, er kam immer mit Bespielen, meistens diesen. Wiederholungen. Erneut Zustimmung erzeugen. Sie wartete darauf, dass er jetzt die Abbilder der Abbilder anführen würde, die unlebendigen Statuen, Gemälde und Dichtungen.

Das übersprang er heute, wollte ihre Erwartungshaltung durchbrechen. Gleich zum Gemeinsamen kommen. Vieles ähnelt einem Kreis, manche gezeichnet, manche durch Töpferkunst oder Architektur verwirklicht, manche wie ein Apfel natürlich. Nicht in jedem Fall ganz und gar rund. Würden wir sie nicht dennoch als Kreis erkennen? Ja, weil wir ideale Formen im Kopf haben, antwortete sie. Gegenstände sind rund, ebenso geometrische Figuren. Wir können sie uns gedanklich zur idealen Form vervollständigen, von der jede wirkliche abweicht. Doch die ideale geometrische Form wäre reine Zahl, würden sie darin nicht übereinstimmen? Er nickte, sie könne in allen Fällen in Zahlen umgewandelt werden. Punkt und Radius und Kreislinie. Einfach, und doch allgemein. Eben das wäre für sie Erkenntnis, das Allgemeine hinter dem Besonderen. Gute Antwort, er fragte weiter. Und was ist mit Grundsätzen, die über das Zusammenleben bestimmen? Wahrheit, Tugend, Gerechtigkeit? Haben wir nicht auch hiervon Formen in unserem Kopf? Das schon, allgemeine, aber auch sie wären in Zahlen ausdrückbar, wenn man wolle. Stimmigkeit, das würde sie verbinden. Harmonie, daran könnte man sie erkennen.

Sie kam auf das Nächstliegende zu sprechen. Müsste die Idee des Stuhles für ihn nicht auch irgendwie ein Stuhl sein? Denn wie könnte er ansonsten zwischen der Idee des Stuhles und der des Pferdes zielsicher unterscheiden, oder zwischen Stuhl und Tisch oder Pferd und Rind, zwei Sachen und zwei Lebewesen? Es war ihm vertraut. Konnte die Frage erwarten. Das hatten sie in unendlich vielen Anläufen innerhalb der Akademie ausführlich behandelt, es hatte ihn bestärkt in seiner Auffassung, nicht geschwächt, er war besser geworden im Verteidigen. Ja und nein, sagte er, machte eine bedeutungsvolle Pause. Die Dialektik bietet doch immer einen geschickten Ausweg, dachte er für sich, war mit ihr jederzeit durchgekommen. Er fuhr auf ein Meer hinaus, auf dem er sich auskannte, steuerte sicher. Da die Idee sämtliche Unterschiede wirklich herstellbarer Stühle enthielte, wäre sie eher die Ähnlichkeit aller bisherigen Stühle zusammen und der künftigen dazu. Zugleich also die Bedingung dafür, dass es überhaupt Stühle gäbe und somit mehr, als wir überblicken oder uns gerade vorstellen könnten. Eine Anwesenheit, die wir erkennen würden, wenn wir uns darauf einließen. Wir bekämen nämlich immer nur einen Ausschnitt zu sehen. Blieb stehen, schaute zurück auf den Weg, konnte seinen Garten nicht mehr ausmachen. Wendete den Blick, erfasste erste Gebäudeumrisse der Akademie. Betrachtete ihrer beider Füße und schaute sie unbeschwert an.

Lastheneia war bester Stimmung, wollte ihn nicht weiter bedrängen, sondern viel lieber erfahren, warum er überhaupt zu diesen Überlegungen gekommen war. Frühere Denker hätten alle möglichen Grundsätze des Kosmos herausgefunden, beschrieb er. Sie würde sie ja ebenfalls kennen. Manche dachten, es wären Elemente, wie Feuer und Wasser, andere der in allem steckende Widerstreit, wieder andere, denen sie zuneigen würde, die Zahlen. Beim tiefer Schürfen wäre er wie von selbst zu den Ideen gelangt. Einfache Sachen, wie Stühle, wären für ihn gar nicht der Anfang gewesen. Nein, es war das Zusammenleben, und auf welcher Grundlage es organisiert ist. Das sei ihm schon früh in Athen aufgefallen. Denn niemand, wirklich überhaupt niemand, von dem er gehört hätte, würde ernsthaft behaupten, dass er sich von Ungerechtigkeit leiten ließe, und dennoch gäbe es sie unbestreitbar in Hülle und Fülle. Wie kann das sein? Seine Anfangsfrage hätte deshalb nicht gelautet, was ist gerecht, sondern was ist das überhaupt, Gerechtigkeit. Sie stimmte dem Schein nach zu, dass Zahlen dabei nicht allzu weit führen, und merkte vorauseilend an, auch Pythagoräer wären damit gescheitert. Hielt sich aber auffallend zurück.

Er ließ es vorläufig dabei bewenden. Wo sie jene gerade erwähnt hatte, dachte er unwillkürlich an seine Zeit bei Archytas, der ihn mit seinen Fragen stehen und eine Zeit lang alleine ließ. Hatte sich offenkundig bewährt. Knüpfte daran an und war für Tage nicht zu sehen.

Es verlief wie bei einer wiederkehrenden Prozession, Ordnung und Abweichung, die sie neu erlebbar macht. Von Ferne sahen Mitglieder der Akademie, wie sie gestikulierten und langsam liefen. Sie dagegen betrachteten sich selbst in der Rolle von Schauspielern und Zuschauern. Auf dem Weg und zugleich Beobachter ihres eigenen Ganges. Nahmen auf, wie Augen auf sie gerichtet waren. Ein Spiel, das sie beide beherrschten. Wollten Ihnen etwas Gelungenes vorführen, ließen sich viel Zeit und wiederholten mehrmalig, ohne dass ihnen langweilig wurde. Dabei war inhaltlich fast alles Wesentliche besprochen. Sie waren für diesen Tag beinahe am Ende des Spaziergangs angekommen. Er steuerte zielstrebig an, wo sich ihre Wege trennten. Würden wir nicht alles, was wir erkennen, und alles, was wir wahrnehmen, mit mangelfreien Formen abgleichen? Von allen möglichen Pferden bis zu sämtlichen Akten der Gerechtigkeit? Das schon, aber weshalb sollten sie in einer jenseitigen Welt existieren? Sie hatte mit einer Gegenfrage geantwortet. Damit gingen sie auseinander. Er wollte es demnächst über einen anderen Einstieg versuchen.

Als sie sich wieder trafen, knüpfte er an seinen eigenen Werdegang an. Bei Stühlen fühle sich jeder berufen zu bewerten, ob es einer ist, und wie gelungen er wäre. Das gelte zwar auch für Gerechtigkeit, aber bei ihr wären die meisten nicht in der Lage, angemessen zu urteilen, weil sie eine ganz falsche Vorstellung von ihr hätten. Würden sie biegen und aus ihr machen, was sie zum eigenen Vorteil wollten. Eben deswegen müsse man die Idee der Gerechtigkeit erkennen, um den Einzelfall überhaupt angemessen einschätzen zu können. Ein fester Bezugspunkt der Prüfungen. Es wäre so wie beim Mythos, einerseits enthält er Wahres, einen richtigen Kern, andererseits Falsches, ausgeschmücktes irreführendes Beiwerk. Wie sollte man ohne die Idee der Gerechtigkeit die vielen Verfassungen, Politiker, Herrscher und Gemeinwesen bemessen? Das wäre seine Sonne bei Tag, Fixsterne und Leuchtfeuer in der Nacht, er fühlte sich zu Hause in diesen Gewässern. Wartete, was als Nächstes kommen würde. Hatte mit der Sonne etwas erwähnt, was sie schon beim Vortrag irritiert hatte. War dem auf Nachfrage erst einmal ausgewichen. Zeit gewinnen, vielleicht hätte er mit Langmut Erfolg.

Wenige Tage später ein erneuter Anlauf. Weil es das Gute gäbe, das Gerechtigkeit, Wahrheit, Schönheit, Zahlen und alle anderen Ideen verbinden würde. Er versuchte, ihre Zustimmung zu erschleichen. Sie ging nicht darauf ein, war geschickt, alles andere hätte ihn auch enttäuscht, wenn er ehrlich war. Erinnerte sich an sich selbst, war den Pythagoräern gefolgt, wollte selbst aber keiner werden. Verbinden ja, aber nicht hervorbringen. Seine Idee sollte sie jedoch erst hervorbringen, so hätte sie ihn verstanden. Wäre als unerreichbares Ideal gemeint. Er lächelte, musste seinerseits zustimmen. Die Rollen hatten sich umgekehrt. Es war seine in der Akademie am heftigsten umstrittene Behauptung. Lastheneia folgte ihm nicht und versuchte ihrerseits, ihn durch geschickte Fragen in die Zwickmühle zu bringen. Jenseitigkeit wäre überhaupt nicht notwendig. Zahlen würden verbinden, das genüge vollauf. Hatte seine Dialoge verstanden. Und gespürt, dass ihm das am meisten Freude bereitet. Neugier und Geduld und Prüfen und Auseinandergehen. Er pochte nicht auf seine Wahrheit, er forderte Haltung, die sie ihm bot.

Sie kamen wieder auf die Sonne zu sprechen. Er würde alles verdoppeln. Zu etwas machen, was wir sehen und zugleich auch nicht sehen. Die Sonne, die wir sehen, ein

Gegenstand in der Welt, ein sich bewegendes Licht, das den Tag einläutet und beendet. Gleichzeitig sollte sie die Quelle jeglicher Sichtbarkeit sein, also kein Gegenstand. Zwei Sonnen somit, eine sehen wir, eine sorgt dafür, dass wir überhaupt sehen. Doch beides wäre ihrem Verständnis nach eins, man könne es nicht vernünftig trennen. Ihr schiene, er verdopple, um seine Ideenwelt zu retten, die er voraussetze. Ein seltsames Mysterium. Behauptete er nicht, dass wir Gestalten erst im Licht der Sonne erkennen können und genauso die Ideenwelt erst im Licht der Idee des Guten? Wäre das nicht sogar ein wenig sophistisch?

Er ließ ihr den Gefallen, den Einspruch wirken zu lassen. Tat so, als würde er es sich setzen lassen und darüber nachdenken, hatte die Antwort aber bereits parat. Oft erprobt. Auch Zahlen wären von Haus aus unsichtbar, aber in geometrischen Gebilden darstellbar. Wäre dann nicht auch das eine unlautere Verdoppelung? So wie Zahlen hinter geometrischen Figuren stehen, so würden Ideen hinter Gegenständen, Handlungen und sogar Begriffen wie Gerechtigkeit stehen. Dann wären Ideen doch nur wie Zahlen, warf Lastheneia ein. Um sich über das Wichtigste im Leben nicht zu täuschen, müssen wir das Gute erkennen, erwiderte er. Und hinter allen Formen und Begriffen des Guten würde die Idee des Guten stehen. Nur wegen ihr könnten wir die anderen Ideen überhaupt erkennen und wissen, was in unterschiedlichen Feldern gut ist.

Ihr schien es noch immer ein Kreis. Wer die Idee des Guten erkenne, wüsste, dass das höchste Gut in der Erkenntnis dieser Idee bestehe. Das wäre seine Behauptung. Kein Beweis, das Spätere wäre das Frühere und umgekehrt. Man könne die Richtigkeit des Schlusses nicht gegenseitig aus zwei gleichen Sätzen beweisen. Hatte Sie mit Aristoteles gesprochen? So kam es ihm vor. Satzlogik, darin war er unglaublich, nicht beizukommen. Sie war auf dem gleichen Pfad unterwegs. Er probierte es auf andere

Art, die ihr vertraut sein musste. Es wäre seine besondere Vierheit, seine Erweiterung der Tetraktys. Oben der erste Stein, die Idee des Guten. Wie die Eins der Pythagoräer, die Zahlen bedingt. Darunter zwei Steine, die anderen Ideen, die durch das Gute zusammengehalten werden. Wieder darunter drei Steine, die Zahlen und die Seelen, Voraussetzung, sie erkennen zu können. Und schließlich vier Steine, sämtliche Erscheinungen der sichtbaren Welt. Die meisten bleiben bekanntlich bei den vier Steinen haften, er jedoch wolle höher steigen. Ein schönes Dreieck, meinte sie. Wollte höflich sein. Sie verstünde ihn, wäre aber trotzdem anderer Ansicht. Der Zahlen wegen. Eine unüberwindliche Grenze.

Er schluckte, gab es aber nicht zu erkennen. Vergebliche Mühen. Hörte wie damals das aufsteigende Zirpen der Zikaden, bis es vollständig Besitz von ihm ergriff. Vergaß, wo er war. Stand still und lauschte. Es kam von überall her. Erfüllte den gesamten Spazierweg. Sitzen im Laub der Bäume und betören mit ihrem zerbrechlichen Gesang. Allgegenwärtig wie die Ideen und Zahlen. Rhythmisch. Schon von Homer gepriesen. Hatte nicht ein Geliebter der Göttin der Morgenröte das Geschenk der Unsterblichkeit erhalten und sich in eine Zikade verwandelt? Waren wie die Seelen. Standen den Musen am nächsten. Sangen die ganze Zeit ohne sich ernähren zu müssen. Waren nahezu bedürfnislos, lebten vom Tau und sangen einfach nur. Für einen Moment herrschte plötzliche Stille. Sie riss ihn aus seiner kurzzeitigen Entrücktheit. Ihre knappe Sangespause zwang ihn zurück auf den Weg. Sammelte sich. Lastheneia und er gingen schweigend noch ein Stück, dann auseinander.

Sie hatte ihm Aporien vorgeführt. Andere kritisierten ihn ebenfalls, doch bei ihr war die Wirkung größer. Nahm sich vor, dass er daran arbeiten muss. Lücken eingestehen, Widersprüche aufzeigen, keine Lösungen anbieten. Ungewöhnliche Ausgangslage für ihn. Vielleicht an einem der Alten aufrollen, den alle kannten, weil sie sich regelmäßig mit ihm auseinandersetzten. Könnte es als Kritik an diesem verpacken, nicht an ihm, die sie doch war. Selbstkritik und Lob der Akademie, gut versteckt. Heraklit oder Parmenides? Er wog nicht lange ab. Entschied sich für Parmenides, weil der vertreten hatte, es gäbe Sein, aber kein Nichtsein. Einnehmender. Und hatte er nicht in Elea gelebt, in der Nähe von Taras? Eine Ehrerweisung an den Westen. Würde es voraussichtlich wie seine ersten Dialoge in Aporien enden lassen. Nicht mehr unbeholfen, trotzdem nicht nach einer Seite hin auflösen. Das hatte er ihr zu verdanken. Sie hatte ihn darauf gebracht.

Setzte sich allerdings erst daran, als sie die Akademie längst verlassen hatte. Schrieb es in Schüben, sperrig, baute es nachträglich zusammen. Empfand es als zweischneidig und halbgar, schwierig zu verstehen und insgesamt unrund. Höchstens etwas für die Akademie, ließ es dafür gerade noch gelten. Wie kann Eines die Quelle von Vielem sein, wenn es nicht bereits davon durchsetzt war? Wie kann etwas völlig Unabhängiges die Ursache von etwas gänzlich Anderem sein? Müsste es nicht von Beginn an irgendeine zwingende Verbindung geben? Dies vorausgesetzt, wie sollen dann Ideen und Erscheinungen zusammenhängen? Logisch war es für ihn nicht mehr so gut auflösbar wie früher. Müssten jenseitige Ideen, wenn es welche gäbe, denn nicht unerkennbar bleiben? Einerseits, andererseits. Es nagte an ihm. Schlüsse, Sprache und Beweise, eine neue Zeit, folgte ihr unwillig. War nicht mehr sicher, was er beibehalten, was aufgeben sollte. Begab sich in Gedanken an den Strand von Taras, wurde mit Fragen zurückgelassen, auf die seine Antworten jetzt ungenügend schienen. Lastheneia mied aus gutem Grund das Bohnenfeld, in das er sich hineingetraut hatte. Doch war er nicht unbeschadet geblieben? Hatte er sich nicht in gleicher

Weise auf das Meer getraut, wo man keinen festen Boden unter den Füßen findet? Er brauchte dieses Licht, seine Ideen waren ihre Bohnen. Doch selbst dabei war er sich nicht mehr sicher. Sie hatte die weißen gekochten mit großem Genuss verzehrt.

Lastheneia sagte mit ihren Worten, was fast alle seine Schüler vertraten. Zahlen ja, das darüber nein. Doch noch nicht einmal die Zahlen machten alle mit. Deshalb schätzte er Speusippos, der ihm zwar widersprach, in bestimmten Belangen aber doch zustimmte. Er selbst hatte das Wesen der Zahlen, die sie im Westen kannten, und die Seelenwanderung, die sie im Süden, Osten und Norden kannten, so verbunden, dass es ihn zum Begriff ewiger Ideen geführt hatte, die Seelen auf ihrem Weg erblicken und sich daran erinnern können. Verlangte aber nicht von anderen, das wie er für wahr zu halten. Baute er es nicht auf Mythen auf, die er kennengelernt und verändert hatte? Zog er andererseits nicht selbst Mythen in Zweifel? Ihren Kern hatte er stets für nützlich und wahr empfunden. Doch es blieben dennoch Mythen. Das musste er zugestehen. Gründe ja, Beweise nein. Schlechter als bei Zahlen, zugleich aber wichtiger, weil es um die Regelung des Zusammenlebens ging, was ihn am stärksten beschäftigte. Sein Gedankengebäude geriet in leichte Schieflage. Er wusste darum, wollte es aber nicht umbauen. Vielleicht würde es halten.

Es regnete leicht. Eine willkommene Abkühlung, er blieb im Haus. Wollte nichts denken, tatsächlich nichts, was ihm in der Regel schwergefallen war. Inzwischen war sein Widerstand nicht mehr so stark. Ihm ging der Wechsel aus Anspannung und Ruhe durch den Kopf. Er verstand sich als herausragenden Allesesser und unermüdlichen Allesverdauer, was er gelesen hatte, konnte er ohne Schwierigkeiten umgehend verarbeiten. Seine eigentliche Stärke. Lud ihn zur Überheblichkeit ein, lediglich gebremst von der Achtung für seine Schüler. Beugte sich abends über einen Papyros und begann. War von Zeit zu Zeit wenig wählerisch. Manches warf er sofort wieder weg, manches lies er ruhen, manches trug er vor, manches blieb, manches verbesserte er. Und doch empfand er das ständige Erörtern mitunter als Last. Vereinzelt blieb der Papyros so leer wie er war.

Liebte um so mehr die Spaziergänge, bei denen er sich über völlig Belangloses mit anderen unterhalten konnte. Zunehmend gelang ihm, gerade das auskosten. Oder die, bei denen er ohne Begleitung unterwegs war. Ging Richtung Akademie, machte unterwegs unverrichteter Dinge kehrt, befreiend ziellos. Blieb manchmal stehen und tat anschließend, was ihm gerade in den Sinn kam. Im Garten konnte er die Ruhe genießen, öffnete dann seine Sinne für die Geräusche, Gerüche und Lichtstimmungen. Die Stimmen in seinem Kopf schwiegen in diesen Momenten bereitwillig, er musste es nicht erzwingen oder steuern.

Sollte es nicht auch eine Muse der Ruhe geben? Eine, die Raum für alle anderen schafft? Sie hatten Mnemosyne, die Erinnerung, zu ihrer Mutter gemacht. Und den Mächtigsten, Zeus, zu ihrem Vater. Seltsame Verbindung. Macht schien ihm dabei unangemessen. Wäre es nach ihm gegangen, sollte Hypnos, der Schlaf, ihr Vater sein. Der von der Nacht seinerseits vaterlos geboren wurde, wie seine Geschwister, der Schwarm der Träume. Er hegte den Verdacht, dass die Pythagoräer das Bohnenfeld deshalb gemieden hatten, weil es dort gar nichts Besonderes gab, und schon gar nichts Gefährliches. Vielleicht bräuchte man einfach etwas, um es zu meiden. Einen Ort, den man nicht mehr aufsucht, auch seine Früchte nicht zu sich nimmt. Als Gegengewicht zu dem, was man besonders mag.

Sein Neffe hatte einen durchaus nachvollziehbaren Grund für die Ablehnung der Ideen vorgebracht. Er ließ ihn zu. Wenn das Eine mit dem Guten zusammenfallen würde, müsste aus logischen Gründen das Viele eigentlich mit dem Schlechten zusammenfallen. Da jedoch auch Zahlen und Geometrie an der Vielheit beteiligt sind, denn es gäbe unbestreitbar mehr als die Eins oder das Eine, müssten auch Zahlen in einem gewissen Maß schlecht sein. Was unmöglich wäre. Hatte es ihm verdeutlicht. Sein großer Schwachpunkt war, dass er die Eins mit dem Guten gleichsetzte, daran hing alles. Er sah es genau. Die Spitze seines Dreiecks. Wäre dies falsch, würde das andere auch nicht stimmen, in sich zusammenfallen. Fand keinen Ausweg daraus, musste weiterhin darauf beharren. Seine Überzeugung. Speusippos betonte, dass seine eigene Auffassung weit weniger gefährdet wäre. Die Kritiker länger überdauern könnte. Einheit und Vielheit, das wäre die Grundlage von allem.

Damit könnte er leben, hatte er ihm erwidert, ließ es gelten und ermunterte ihn, damit weiter zu machen. Auch die Auffassungen anderer, die ihm gut begründet widersprachen, billigte er. Bestätigte sie in ihrem Bemühen, ließ sie gewähren und eigene Schüler unterrichten. Aristoteles hatte ebenfalls einen Grund vorgebracht, allerdings keinen, den er ernsthaft nachvollziehen wollte. Schwerwiegend ging ihm unter die Haut. Machte zu schaffen, wo ihn doch wenig aus dem Gleichgewicht bringen konnte. Vermutete, dass es mehr war als ein Einfall, der sich auf Sicht nicht halten würde. Ein Funke, der blitzte und durchgearbeitet strahlen könnte wie die Sonne.

Ideen wären lediglich unsere Namen für wesentliche Eigenschaften, meinte Aristoteles ihm gegenüber, die wir so verallgemeinern, dass sie in eine einzige Vorstellung münden. Wir würden dabei nur die zufälligen Eigenschaften gedanklich aussondern. Im Grunde einen Begriff äußerster Allgemeinheit erzeugen. Keineswegs mehr. Eine Leistung des kühlen Denkens, nicht aber eine eigenständige Existenz von ewigen Ideen in einem Jenseits. Sie wären nicht nur überflüssig, sondern würden in die Irre führen. Und um Wahrheit ging es ihm doch, Aristoteles sprach betont langsam, schaute ihn dabei fragend an. Legte nach, als er schwieg. Wählte einen Bezug, von dem er wusste, dass er dafür empfänglich war. Sagte, dass Ideen wie ein Zikadengezirpe wären, das zu Erklärungen bekanntlich überhaupt nichts beitragen könne. Es wäre schön anzuhören. Aber kein Beweis, für gar nichts. Gute Wahl des Vergleichs, musste es zugestehen. Aber wieso gleich alles über Bord werfen? Selbst Zahlen spielten für Aristoteles keine große Rolle. Das war zu viel. Stand es nicht über dem Eingang zu seiner Akademie? Zu kalt, der Arztsohn. Hatte es unterstellt, nun war es offensichtlich. Hob es auf für später. Die gewissenhafte Suche nach Erkenntnis teile er aufrichtig und sagte es ihm, meinte es auch so und ermunterte ihn wie Speusippos. Doch er vermisste das Feuer einer Sonne. Dann doch wenigstens die Zahlen. Speusippos und Lastheneia hatten sich auf Anhieb verstanden.

Doppelgänger

Alle waren erschöpft, in der Akademie blieb es außergewöhnlich ruhig. Es war danach immer so gewesen. Fünf lange Tage, die großen Dionysien. Jetzt endlich Ruhe. Er mochte dieses Fest, das einzige, auf das er sich freute, und nahm daran teil, wann immer er in der Stadt gewesen war. Tieropfer, Weinspende und Festumzug bei Sonnenaufgang hatte er irgendwann ausgelassen, auch die Gesänge und die schrille Musik. Ebenso die weintrunkenen Umzüge am Abend. Ging nur zu den Wettkämpfen. Erst die fünf Komödien, dann die neun Tragödien. Lediglich vier Tage für ihn, nicht fünf. Die letzten drei zudem kürzer. Denn die Satyrspiele mied er, verließ das Theater früher. Ein Dichterwettstreit zu Ehren des Dionysos. Im großen Theater. Frühjahr, Regenschauer überraschten die Besucher regelmäßig. Aufwühlend. Alle sprachen darüber, wem der Sieg zustehe. Er mischte mit, aber nur im kleinen Kreis. Überlegte Beurteilung, selten mit anderen der gleichen

Meinung. Die Siegerwahl nicht zufällig, und doch ein Abbild der Politik, unberechenbar. Was ihn schmerzte.

Der Athener Tyrann hatte die Dionysien einst groß gemacht. Beim ersten Versuch, die Herrschaft an sich zu reißen, wurde Peisistratos noch vertrieben. Nachdem er und die Seinen die Akropolis gestürmt hatten. Lies sich zwar als Tyrann ausrufen, wurde aber bald von zwei Mitkämpfern aus Athen verjagt. War wiedergekommen, als sie sich zerstritten hatten. Fuhr auf einem großen Wagen durch die Stadt, neben sich eine als Athene verkleidete Frau. Fahrende Bühne. Unter dem Schutz der bewaffneten Stadtgöttin. Verblüffende Wirkung. Die Bürger hatten es für ein Zeichen gehalten, so erzählte man immer noch. Ein Schauspiel, wie konnten sie dem aufsitzen? Hielt sich folglich nicht lange und wurde wiederum vertrieben. Kam ein drittes Mal, nun endgültig, herrschte für lange Zeit. War mit Silberminen zu einem Vermögen gekommen und konnte Söldner bezahlen. Blieb beinahe zwei Jahrzehnte Tyrann, bis zu seinem Tod.

Silbermünzen, Söldner, Kulte, Peisistratos hatte seine Mischung des Erfolgs gefunden. Die beiden Söhne, seine Nachfolger, waren weniger geschickt. Wurden ermordet. Bei den Panathenäen, dem anderen großen Fest der Stadt. Ausgerechnet. Auch dieses Fest hatte Peisistratos prahlerisch vergrößert. Überaus prunkvolle Gräber und Bestattungen verboten, Festumzüge aufgewertet. Anfang und Ende einer Dynastie. Der Kreis hatte sich geschlossen, er betrachtete eher dies als ein Zeichen. Den Tyrannenmördern hatten sie auf dem Versammlungsplatz Standbilder aufgestellt.

Peisistratos, ein Förderer der Kulte und Feste. Athene und Dionysos vor allem. Klugheit und Waffen bei ihr. Wein und Ekstase bei ihm. Macht und Rausch zusammen, er ihr vorgeblicher Schützling. Die Athener dankten es ihm. Deshalb seit mehr als hundert Jahren die Stadt der

Festfeiern, jeden Monat Opfertiere, Gesänge und Umzüge, größere und kleinere. Die Stadt ergoss sich mitsamt seiner Bewohner darin. Zur Machtfestigung damals. Der Tyrann war gestorben, die Feste blieben. Zur Beteuerung der Bedeutung der Stadt. Wein und berauschende Kräuter, Rollenspiele, Masken, Fruchtbarkeitskulte, Gelage. Die meisten Festlichkeiten mochte er nicht, dieses eine aber schon. Theateraufführungen im Wettstreit. Soweit er sich erinnern konnte, hatte es für ihn immer einen eigenen Stellenwert. Denn dabei kam ihm wieder der Eine in den Sinn. Trug schließlich denselben Namen wir er, Platon. Der Breitschultrige. Stimmte bei jenem wie bei ihm selbst. Woher konnten sie das wissen bei den Neugeborenen? Jener war zwei Jahrzehnte älter als er und anfangs sein Vorbild gewesen. Ihm vorausgegangen, inzwischen beinahe vergessen. Er selbst hatte sich ebenfalls bemüht zu dichten, Dithyramben und Tragödien, aber dann doch eine ganz andere Richtung genommen. Die frühen Versuche verbrannt. Sein Namensvetter war dagegen Dichter geblieben. Hatte mit Tragödien begonnen, war allerdings besser in den komödiantischen Dichtungen. Zurecht dabeigeblieben. Beide auf ihren Feldern. Dichtung behauptet Überliefertes, Philosophie prüft, erkennt und begründet. Sein Ansatz, fühlte sich bestätigt, wenn er von den Aufführungen kam.

Die politischen Komödien schätzte er besonders, die mythischen weniger, hatten kaum Bindung an das aktuelle Geschehen, brachten selten völlig Überraschendes. Langweilte sich dann. Der Namensgleiche ging ihm durch den Kopf. Platon war ein recht guter Komödiendichter, einer aus der älteren Generation, aber nicht so erfolgsverwöhnt wie Aristophanes, den sie noch heute verehrten. Den Siegerpreis hatte er nie errungen. Stattdessen für andere gedichtet, Stücke, die Käufer unter eigenem Namen bei den Wettbewerben einreichten. Wäre ihm nie in den Sinn gekommen. War aber auch nicht davon abhängig, wie ein mäßig Erfolgreicher, der davon leben musste. Gelegentlich hatte er bedauert, dass er seine frühen Dichtungen verbrannt hatte, nun schien es ihm richtig gewesen zu sein. Man muss Brücken einreißen, wenn man nicht zurückkehren will.

Tragödiendichter taten so, als wüssten sie alles über die Welt und die Menschen. Das warf er ihnen vor und änderte seine Meinung nicht. Hatte sich mit jeder Aufführung weiter verfestigt. Fielen die ersten Namen, war der Inhalt bekannt. Ödipus, Medea, Alkmeon. Auch wenn es noch viel mehr Namen gab, die Inhalte blieben überschaubar. Dabei war die große Zeit des Theaters mit dem Tod von Sophokles bereits lange her. Wirksam gesetzte Pausen, Erschütterung, langsame Bewegungen des Chors, Ausnutzen der Gefühle. Zunehmend mehr Eindruck allein durch gewaltigen Bühnenaufwand. Handwerk, kein grundsätzliches Wissen. Enges Sitzen, die Zuschauer steckten sich gegenseitig an. Pfiffe, Zischen, Schreie, Jammern, Beklagen, wurde es zu laut, sorgten Helfer mit ihren Prügeln für Ruhe. Schlugen auf die hölzernen Sitzreihen, dass alle zusammenzuckten. Kein Anstand. Und doch gaben sie vor, Wahrheit auf die Bühne zu bringen. Nahmen sich zu ernst, wollten Vorbilder liefern und moralische Richtschnur für das Gute sein. Dabei waren die Götter und Heroen alles andere als das. Vielleicht würde er demnächst auch die Tragödien auslassen. Nur noch zu den Komödien gehen. Er wog ab.

Komödien hatten keinen hohen Anspruch, begnügten sich mit Alltäglichem und Politischem aus Attika, brachten Hässlichkeit auf die Bühne. Der Lächerlichkeit preisgeben, eine Anklage im Grunde genommen. Gaben Anlass, sich später darüber streiten. Stimmungsmache war beides, doch Komödien boten keine Rollen an, die irgendjemand ernsthaft im eigenen Leben übernehmen wollte.

So begründete er vor sich sein strenges Urteil, das die Theaterzweige in gut und schlecht spaltete. Die meisten in der Akademie waren anderer Auffassung, mochten durchaus die Tragödien. Sollten sie doch. Komödien gefielen ihm noch immer wegen ihrer speziellen Art, hintergründig, spitzfindig, herausfordernd. Zeigten, was in der Stadt geschah. Wie es dort zuging. Wem sie aufsaßen. Wer sich aufspielte. Und täuschte. Ein Spiegel der Bürger.

Sie hatten in diesem Jahr einen ausgelost, einen aus seiner Akademie. Der mitgestimmt hatte. Bei der Wahl des Siegers. Reiner Zufall. Schon vor Wochen hatte jeder der zehn Bezirke Namen bestimmt, die in Urnen kamen, versiegelt bis zum Beginn des Festes. Am ersten Tag wurde je einer durch Los gezogen, sie hatten einen Eid abgelegt und bezogen ihre Ehrenplätze. Mussten allen Aufführungen beiwohnen. Die Richter waren blinde Laien und fällten ihr Urteil so, dass sie es mit sich vereinbaren konnten. Nur dazu zwang sie der Eid. Ein einziger Maßstab. Schon das eine Komödie für ihn. Sie damit der eigentliche Rahmen der Schauspiele. Die Zuschauer kitzelten ihre Eitelkeit. Riefen ihnen lauthals zu, wer ihnen gefiel, und wen sie wählen sollten. Es wurde bestochen, brachte aber nicht viel. Schon die Reihenfolge der Stücke wurde durch Los festgelegt, die letzten hatten meistens die höchsten Siegchancen. Er hatte es oft erlebt.

Die Besten setzten sich nicht immer durch, dennoch waren die Aufführungen in der Regel gut. Weil die Stücke es waren und viel geprobt wurde. Er musste es anerkennen, viel Einsatz. Um den Gott des Rausches zu ehren. Alte Stoffe bei den Tragödien, übermächtige Vergangenheit, Schwere. Was sich in der Stadt zutrug bei den Komödien, was sie kürzlich erlebt hatten, Leichtigkeit. Schicksal, bei der Wahl wie bei den Aufführungen. Doch Zufall vor allem. Die Richter ritzten am fünften Tag die Namen von drei Dichtern, denen sie den Sieg zuerkennen wollten, auf ein Tontäfelchen und gaben es in eine gemeinsame Urne. Zehn Stimmen. Nur fünf wurden herausgezogen, bei Gleichstand sechs. Der Rest umsonst, unbeachtet. Wer gewinnen lassen wollte, musste viele bestechen, um die Wahrscheinlichkeit zu erhöhen. Oder mehr ausgeben, um größeren Aufwand auf die Bühne zu bringen. Die Athener begeisterten sich für Effekte, immer mehr. Ein Wettbewerb auf verschiedenen Feldern. Falsches Verfahren. Das war es, was ihn zusätzlich aufbrachte. Nicht nur Dichter lügen, auch Richter, er sah sich bestätigt.

Zum Wettstreit unter freiem Himmel kamen Tausende, und nicht nur das, Bürger beteiligten sich, wurden Teil des Chors. Im halbmuschelartigen Dionysostheater, am Naturhang vor der Akropolis. Auch er hatte früher daran teilgenommen, jetzt nicht mehr. Wer die Kosten für Bühne, Masken und Vorbereitung übernahm, gewann an Einfluss. Geschenk an die Götter, die Bürger und Zurschaustellung von Wohlstand. Denn das Volk musste überzeugt werden. Eine politische Angelegenheit. Darin lagen Ernst und Gefahr. Hätten sie es bei dem Spiel belassen, es hätte ihn weniger gekümmert. Anregung. Lehrmaterial. Schließlich nutzte er ihre dramaturgischen Mittel, sie hatten es ihm oft entgegen gehalten in der Akademie. Er hatte ihnen zugestimmt, es war nicht eindeutig, was er tat. Das Komische war spöttisch und ihm recht.

Tragödiendichter führten sich auf wie Philosophen. Falsche Philosophen. Behandelten Vaterlandsliebe, Ehrfurcht, Freiheit, Gastfreundschaft, Hybris, Mord, Opfer und Rache. Überschaubar. Nicht das, worum es ihm ging. Er hatte es vor langer Zeit niedergeschrieben und sie aus dem idealen Staat verbannt. Ein hartes Urteil, sicherlich. Seinen Namensvorgänger Platon hatte es jedoch nicht getroffen, ihn, den Komödiendichter. Denn über diesen hatte er nichts gesagt, wie er im Rückblick glaubte. Nur über Dichter, die behaupten, von Wahrheit zu sprechen.

Tragödiendichter kamen von überall her, Komödiendichter dagegen aus der Stadt. Sie mussten wissen, was dort vorging. Hatte er nicht auch dem Steinmetz komödiantische Momente zugedichtet? Lies ihn sagen, dass Spartaner die eigentlich großen Philosophen wären, weil sie Fremde vertrieben, um ungestört philosophieren zu können. Lächerlich, da es dort keine gab. Wollte damit die Willkür von Deutungen aufzeigen, auf etwas verweisen und im eigenen Sinn verdrehen. Fehler mit Absicht.

Es war noch immer still in der Akademie, er saß über den Nomoi, seinem Werk über die Gesetze. Die Nachfolge der Akademie war geregelt, er konnte sich ganz dem Schreiben widmen. Viele kamen nicht nur erschöpft von den Aufführungen, sondern leer, er dagegen niemals. Konnte alles verarbeiten, sein Können. In einem Dialog, dem Theater sei Dank. Steuerte seine Figuren in die Rolle, die sie auszufüllen hatten. Machte neue Beobachtungen, verallgemeinerte. War altersweise geworden, wer wusste schon, was noch käme. Erfahrener, konnte aus vielen Begegnungen und Verfassungen schöpfen. Er schrieb die ganze Nacht über wie meistens nach diesen vier Tagen. Dachte an Platon, den Komödiendichter. Der sich über Krieg und Frieden, Sieg und Niederlage lustig gemacht hatte. Über wirkliche Personen der Stadt. Und die viel zu üppigen Ausstattungen der Tragödien mit all ihren Bühnenapparaten. War das nicht eine Selbstkritik gewesen? Denn Komödien standen im Aufwand nichts nach. Gedrängt auf einen einzigen Tag.

Ließ einen Athener, einen Spartaner und einen Kreter miteinander streiten, wie eine ideale Verfassung wohl aussehen sollte. Keinen aus Syrakus oder Taras, was auf der Hand gelegen hätte. Auch der Steinmetz kam nicht vor, zum ersten Mal. Er hatte ihn hinter sich gelassen, die Figur bot nichts mehr. Die vierte Einladung nach Syrakus hatte er abgelehnt, Dion war tot, gescheitert. Alles

Vergangenheit wie sein eigenes Versagen. Verlagerte die Handlung nach Kreta, Athen nicht mehr die Bühne der Gespräche. Da man ein tugendhaftes Leben nicht verordnen könne, komme alles auf die richtige Erziehung an. Gewöhnung an Geordnetheit. Maß halten. Maß vorgeben. Selbsterziehung, er wandelte ab, was er bereits vertreten hatte und schrieb Regeln. Immer mehr davon. Eintracht statt Zwist und Frieden statt Krieg. Vor allem im Inneren. Keine Bürgerkriege, keine Aufstände. Beständigkeit. Die wichtigste Aufgabe guter Gesetzgeber. Wie Dichter schöpfte er aus reichhaltigem Material, das in ihm schlummerte. Zog hervor, worüber er nachgedacht hatte. Nahm Bezug auf die an ihm verübte Kritik. Überarbeitete, baute Ratschläge zu Gesetzesvorschlägen ein, sie hatten ihn immer wieder dazu aufgefordert. Folgte dem, wollte Konkretes hinterlassen. Die ganze Akademie ging in diese Richtung, die Anzahl der Schriftrollen nahm beständig zu. Überlegte, was Zerfall verhindert, übertrieb, wurde selbst maßlos. Konnte sich kaum zurückhalten, verlor den Überblick über das Geschriebene. Es wuchs immer weiter, wurde länger als alles, was er jemals geschrieben hatte. Arbeitete wohl zu lange daran, wie ihm schien, unausgewogen, er war zufrieden und unzufrieden zugleich. Es trieb ihn, als hätte er keine Zeit mehr.

Zehn Gesetzeswächter, so viele wie Richter bei den großen Dionysien. Zehn Hüter der Stadt, die heilige Zahl der Pythagoräer. Das hatte er schon früh festgelegt. Darum rankte sich sein Staat. Er beschrieb, wie man eine Kolonie aufbauen und Fehler der Mutterstadt vermeiden könnte. Alles floss ein, seine ganzen Reisen, und was er von ihnen mitgebracht hatte. Versorgt mit frischen Nachrichten sollten sie im Morgengrauen tagen, noch unbelastet von Tagesereignissen. Er erinnerte sich, wie Archytas am Strand seine Zählsteine gelegt und ihm das Begrenzte und Unbegrenzte erklärt hatte. Er meinte, es wäre morgens gewesen.

War aufnahmebereit gewesen. Ihr Auftrag wäre allerdings nicht Wissen, sondern Tugend. Selbstbeherrschung. Andere dazu bringen. Klar denken, argumentieren, das wahre Wesen der Welt erfasst haben. Die Seele, die Götter, alles in ihr kennen. Und in Dialektik geübt sein, das besonders. Seine Methode. Nicht allein dafür empfänglich sein, nein, erfahren. Zum Wohl der Stadt. Er fragte sich, wie das Urteil über ihn selbst ausfallen würde.

Noch immer kreidete er den homerischen Göttern ihr gehässiges Lachen an. Denn es ermuntert zur Enthemmung. Keine Lehrmeister. Verführer. Konnten Leid willkürlich herbeiführen und die Auswirkung genießen. Affekt oder Langeweile? Beides verwerflich und eine überaus gefährliche Vorlage für üble Herrscher. Hatte nicht dieser vor langem gestorbene Xenophanes behauptet, dass sich jedes Volk Götter nach eigenem Aussehen gestaltet und mit vertrautem Verhalten ausgestattet hätte? Sinnfällige Beobachtung. Und dass Tiere genau dasselbe machen würden, wenn sie könnten? Tatsächlich verehrten sie in Ägypten Mischwesen und Tiere als Götter, er hatte es dort gesehen.

Es muss einen Unterschied zwischen wahr und falsch geben, zwischen Wissen und Behaupten. Das Sichere sah kein Mensch, hatte Xenokrates behauptet. Unsinn, dachte er. Und dass in allem Meinung wäre, Menschen also höchstens zufällig Wahres sagen würden. Ebenfalls Unfug. Er musste lachen, denn ausgerechnet Aristoteles hatte es richtiggestellt. Wenn Xenokrates das entschieden vertreten würde, woher wüsste er denn, dass wenigstens das stimme? Menschen können erkennen, brauchen dafür aber Zeit. Zeit, die es in der Akademie zur Genüge gab. Götter können ihnen dabei nicht helfen, Beobachtung schon. Er stimmte Aristoteles voll und ganz zu, aber aus anderen Gründen. Und was die geschmähten Götter anging, sorgten sie nicht mittelbar für Fleisch bei den Opferfesten?

Waren sie nicht ein taugliches Mittel zur Erhaltung der städtischen Ordnung? Es wäre unvernünftig, darauf zu verzichten, auch in seinen Augen.

Er wusste, dass man Lachen ebenso gezielt einsetzen kann wie Selbstmitleid, das aus Tragödien erwächst. Maßlos oft, deshalb gefährlich. Hatte es erlebt, auch was es anrichtet. Mitunter konnte man kaum unterscheiden, wer mehr litt und größerer Possenreißer war, Schauspieler oder Publikum. Wie es eindämmen? Kaum möglich. Und doch würde man ohne die Kenntnis des Lächerlichen das Ernste niemals verstehen können. Wer überhaupt keine Kenntnis davon habe, drohe sich in Tun und Reden lächerlich zu machen. Man muss kennen, was man beherrschen will. Hässliche Gesinnungen, die durch hässliche Gestalten dargestellt werden. Derbe Scherze als Erkenntniskatapult. Auch das Trinken, eine Übung im Einhalten von Besonnenheit. Tugend hält ungezügelten Rausch in Zaum. Wie wenn man von einer Komödie zurückkehrt, und Politiker anschließend mit scharfem Blick beurteilt. So erging es ihm. Die Komödienschauspieler mussten übertreiben, grimassenhafte Masken, überzogene Kostüme. Die Richter sollten dagegen nüchtern sein. Beides konnte sich ergänzen, aber nur bei der Komödie. Es ging ihm im Kopf herum, er schrieb es aber nicht auf. Fand keinen Weg in die Papyrosrolle. Stattdessen lobte er Tänze, Gesänge und die Chöre, vor allem die der Komödien. Verbannte nicht die Dichter, wohl aber die Tragödien aus dem Staat. Er sah sie vor sich, die Bilder noch frisch. Rhythmus und Harmonie, nicht alle verstanden sich darauf, er schon. Platon. Fachmann für Derartiges.

Und schrieb sich erneut in ein Dilemma hinein. Seine frühen Dialoge hatten alle kein klares Ende gefunden. Kehrte er klammheimlich zu ihnen zurück? Zum Träger des gleichen Namens vielleicht, seinem Vorgänger Platon? Lobte plötzlich Homer, der von wahren Geschehnissen berichtet. Nutzte nun Ereignisse, die tatsächlich stattgefunden hatten, baute sie ein, aber nicht als Historiker, nein, wie ein Dichter, dem Material wie Wachs in den Händen ist. Kein Selbstzweck, sondern Teil eines Ziels. Bezeichnete das Wort Nomos nicht zugleich politisches Gesetz und Gesangsweise? Deshalb hatte er es ausgewählt.

War nicht in sein Haus zurückgegangen, sondern auf dem Gelände der Akademie geblieben. Unruhig. Was er schreiben wollte, war längst ausgeufert, er wusste es, ließ sich aber treiben und mäanderte weiter. Es passte nicht zusammen, wollte es jedoch nicht mit Gewalt glattstreichen. Schrieb in dieser Nacht, bis die letzte Kerze abgebrannt war. Blickte in die heraufziehende Morgenröte. Sah im Hain die Statuen der neun Musen. Sie standen mit Absicht in seiner Lehrstätte. Zählte sie, verglich. Sortierte sie auseinander. Verschob sie wie leichte Figuren. Suchte Thaleia, Muse der Komödie, mit der bis in beide Mundwinkel lachenden Maske. Im Gegenlicht konnte er ihre Umrisse mehr erahnen als erkennen. Überlegte, wie sicher er sein könne, wer welche war. Nein, die Reihenfolge ergab sich nur aus seiner Erinnerung. Unscharf, selbst im aufgehenden Sonnenlicht. Er war geblendet. Brauchte Zeit, bis sich die Augen gewöhnt hatten. Eine Stimmung, wenn alles erwacht. Machte weiter, fand kein Ende, straffte und verlängerte wie Dichter. Nein, nicht wie diese, vielmehr wie Platon, der Komödien verfasste. Es wucherte davon, konnte es nicht aufhalten. Kein Abschluss denkbar. Ein Spiegel aller Verfassungen, die er kannte. Gute und schlechte. Mahnung zu vernünftigem Verhalten. Es war ihm ernst. Ihm, dem Philosophen, der kein Komödiendichter sein wollte. Ließ sich gehen. Er, Platon, der eine, der Vergessene der andere.

GPSR Compliance

The European Union's (EU) General Product Safety Regulation (GPSR) is a set of rules that requires consumer products to be safe and our obligations to ensure this.

If you have any concerns about our products, you can contact us on

ProductSafety@springernature.com

In case Publisher is established outside the EU, the EU authorized representative is:

Springer Nature Customer Service Center GmbH
Europaplatz 3
69115 Heidelberg, Germany

www.ingramcontent.com/pod-product-compliance
Lightning Source LLC
LaVergne TN
LVHW011004250326
834688LV00004B/62